中国电子第一街：华强北

段亚兵　著

海天出版社
HAITIAN PUBLISHING HOUSE

·深圳·

图书在版编目（CIP）数据

中国电子第一街：华强北 / 段亚兵著. — 深圳：海天出版社，2020.8

（深圳地标）

ISBN 978-7-5507-2824-0

Ⅰ.①中… Ⅱ.①段… Ⅲ.①电子信息产业—经济史—深圳 Ⅳ.①F492

中国版本图书馆CIP数据核字（2019）第293027号

中国电子第一街：华强北

ZHONGGUO DIANZI DIYIJIE:HUAQIANGBEI

出 品 人	聂雄前
策划编辑	韩海彬
责任编辑	韩海彬
	何旭升
责任技编	梁立新
装帧设计	Ｓ斯迈德设计 0755-8314 4228

出版发行　海天出版社

地　　址　深圳市彩田南路海天综合大厦（518033）

网　　址　www.htph.com.cn

订购电话　0755-83460239（邮购、团购）

排版制作　深圳市斯迈德设计企划有限公司（0755-83144228）

印　　刷　深圳市希望印务有限公司

开　　本　787毫米×1092毫米　1/32开

印　　张　5.375

字　　数　85千

版　　次　2020年8月第1版

印　　次　2020年8月第1次

定　　价　46.00元

编委会

主　　任　杨立勋　尹昌龙

执行主编　聂雄前　于志斌

目　录

第一章　华强北的来历

韶关军企组建华强

1979年深圳建市，原来的宝安县升格成为深圳市。

这一年9月，原在韶关山区的3个军工厂开始调入深圳。这3个军工厂的名字分别叫红权厂、东方红厂和先锋机械厂。

军工厂为什么要搬到深圳呢？因为经营上遇到了极大的困难。中华人民共和国成立初期，考虑到打仗、战备安全，国家将沿海大部分军工厂迁移到了内地被称为"大三线"的地区。"大三线"包括西南、西北和中原的广大地区。与"大三线"的概念相同，广东粤北地区被称为"小三线"地区，也迁来一些军工厂。这3个军工厂就是其中一部分。

由于军工厂建在偏僻落后、交通不便的内地山区，造成军工厂生产成本增加。在计划经济时代，国家可以对军工厂的产品高价采购。但是 1978 年中国开始改革开放、走向市场经济，价格保护政策没有了，军工厂的生产就陷入了困境。再加上国家将有限的资源集中到了经济建设上，军费大幅压缩，军方订单大量减少，军工厂面临停产局面。

为解决这种困境，省政府有关部门决定将这 3 个军工厂迁往深圳，合成一家公司。刚刚建市的深圳百废待兴，急需生产厂家。省属的军工企业在当时的深圳算是技术最先进的企业了，深圳市领导非常欢迎它们来参加深圳建设。这样做两权相宜。

军工厂搬迁到改革开放窗口的深圳，再使用原来的厂名就不合适了。新成立的公司起名为深圳华强电

1979 年的华强电子工业公司
图片来源：吴赛锋主编《华强北 40 年影像记忆》

建设电子大厦的基建工程兵队伍

子工业公司（以下简称"华强公司"）。"华强"寓意中华民族富裕强大。市政府划拨了约 15 万平方米的土地给华强公司。

公司领导殷登辰带领职工们进入公司驻地时，眼前是一片荒凉景象：这里是一片小丘陵山坡地，高低不平，坑坑洼洼，荆棘丛生，荒草疯长，蛇鼠乱窜，把来自北方的人吓得心惊胆战不敢移步。当时只有一条从罗湖通往南头的东西向乡间小路，这条路几经拓宽后成为如今的深南大道。华强公司的土地分在道路两侧，路南较小的一块为生活区，路北较大的一块为生产区。

职工来到深圳，住房一间都没有，首要任务是建竹棚安家。先用小腿般粗的毛竹竿搭出房架，然后绑上用竹叶和茅草编成的竹排当墙，房子就算盖好了。进了屋子，在地上铺些稻草，打开铺盖就是床。竹棚最怕火灾，每天都要派专人在房前屋后巡逻，严禁吸烟，严防任何火星。这是关系到大家生命财产的头等大事，丝毫麻痹不得。烟可以不抽，饭却不能不做，厨房是最大的火源地，怎么解决？宿舍区的院子中间有一个小水塘，就在水塘旁边用石块和砖头建了一个小厨房。一旦出现火情，就用水塘的水灭火。饭菜做好后分别送到各个竹棚里。没有自来水，就地打井解决喝水问题。不通电，自己拉电线解决工厂用电问题。总之，这里什么都没有，全靠自己动手解决。

时任广东省电子局副局长的刘忠山出任华强电子公司的第一任党委书记、总经理、董事长。

华强公司开发这块土地时，用推土机将大小山包推平，修建了南北向的几条厂区道路，其中最宽的一条马路被命名为华强路。深南路与华强路交叉，深南路的路南为华强南路，路北为华强北路，简称"华强

北"。当时谁也没有想到，几十年后，"华强北"竟然
会成为威震世界电子界的名字。

华强北的"大""小"概念

华强北有大概念、小概念之分。

小概念是指华强北路这一段，南从深南中路开
始，北到红荔路为止，全长 930 米。后来随着发展，
华强北的商圈不断扩大：东面把与华强路并列的华发
路合并了进来；西面把整个中航集团的地盘全都合并
了进来。

2009 年 7 月，华强北街道办事处成立。从此以
后，华强北变成了一个大概念。这个大商圈东起红岭
中路，西达华富路，南临深南中路，北接红荔路，面
积为 2.9 平方公里。华强北街道下辖福强、荔村、通
新岭、华红和华航 5 个社区工作站。市委大院也坐落
在这个辖区，因此华强北成为政治、文化、商业、双
创中心之一。

这个区域内有企业 3700 多家，其中包括福田区
供电局、深圳中航集团、华强集团、赛格集团等，有
两家名列世界 500 强名单；有华强北茂业百货、天虹
商场、曼哈商场、华强北电子世界、国美电器、苏宁

电子大厦　摄影：周顺斌

电器、顺电、女人世界等大型商场。从业人员多达 13 万人，日客流量达 60 万人次，年营业额 600 亿元，是全国最大的电子市场。

2009 年以前该区域分属园岭、华富两街道办管理。华强北街道办成立后，统一领导、综合管理，为华强北的协调发展提供了有利条件。

第一次参观华强北时的感觉

我首次参观华强北是在 30 多年前，当年的感觉至今难忘。

1983 年，基建工程兵两个师 2 万人调入深圳，集体转业成为市属企业员工。部队集体转业前我已经被调入市委宣传部工作。记得那是秋天的一个上午，我去华强北一带调研。我骑着自行车出行，沿着深南大道向西行去。过了深南大道与上步路的十字路口，前行几百米，我来到一个名叫下巴厂的地方。一个高坡地上建有一个宽大的厂房。下车走进厂房一看，天车隆隆行走，电焊火花闪闪，汗流浃背的工人们正在装配汽车，一排崭新的东风牌汽车停放在厂房的后面。这里是湖北十堰第二汽车制造厂在深圳开设的一个装配厂，装配好后的汽车在深圳销售，或者通过香港销售到国外。

再往西行，过了燕南路口，有一栋七八层高的大楼，是由轻工业部投资兴建的。大楼里开设了兴华商场，展示和销售来自全国各地的轻工业产品。当年的

在深南大道同一个地点拍摄的照片，30年中深圳城市面貌发生了巨变
摄影：何煌友

深圳没有工业，几乎所有的日用百货商品都要从国外进口，或者从国内其他省份运来。轻工业部的企业进入深圳，从全国各地组织运来丰富多样、便宜、实用的商品，不仅满足了深圳的需要，还通过深圳运到香港，转销到许多国家。

继续西行，便进入了工地。推土机推土平整场地，机械轰鸣，尘土飞扬。泥头车穿梭运输土方，气势震人。数台正在运转的打桩机发出砰砰巨响，脚下的大地被震动。工地前的路边上竖立着一些广告牌，上面写着"核电大厦""爱华大厦"等楼名，并画出了大厦雄伟的造型模样。我知道常规的建楼速度，小平房建成要几个月，小楼房建成要一两年。看着这些广告牌，我感到十分有趣。眼前的环境是这样的荒凉，这些画在广告板上的大楼如此之高，都是些20多层高的摩天大厦，怎么可能一两年建成呢？夸张的宣传，美好的愿景……恐怕是画了一个饼，好大的面饼呀！

往前看，一座20层的大楼出现在眼前。我知道这就是有名的深圳电子大厦，是由早期调入深圳的基建工程兵一团承建的。我进入大厦工地看看是否有战友，真的遇到一些认识的人，战友相见握手拍肩拥抱，不知有多亲切。看着他们在烈日下工作，皮肤晒得黝黑，满脸灰尘，挥汗如雨，身上的旧军衣上泛出层层汗水留下的汗渍。有一位战友走上前来，抓住我的手热情地握起来。他的手上满是老茧，像是晒干的牛皮，毛毛刺刺的，像锉刀一样扎人。当时我想，就是因为最早进入深圳的战友们甘于吃苦、敢于拼搏，用自己的出色表现打出了名气，给梁湘等市领导留下了良好印象，所以深圳主动热情地接纳了这支部队，才给了后来的我们进入深圳参加特区建设的机会。我真的感谢战友们，为他们的拼搏精神所感动。

这时我看见头戴安全帽、身穿沾满泥水工作服的马成礼走了过来。他是鞍山基建工程兵一支队（支队是师建制）副参谋长，随着一团进入深圳，是部队指挥所领导人之一，负责指挥施工。马成礼看见我很高兴，拉着我的手聊天，介绍施工情况。他讲了电子大厦影响深南大道扩建的一个小插曲。梁湘等市领导考察新加坡回来，做出了拓宽深南大道的决定。于是，准备通知刚刚破土开工的电子大厦停工，让其等待新的规划图纸出来后再建。但是不知哪个环节出了问题，没有及时通知到建设和施工单位。当领导们在北京参加完一个时间比较长的会议回到深圳检查工地现场时，发现电子大厦已经"长高"了十几米。怎么办？如果拆除，损失巨大。当时极度缺钱的深圳市政府还没有这样大的魄力，最后无奈地同意电子大厦继续施工。由于出现了这样一个失误，深南大道的深南中路宽度少了十几米。如果电子大厦建设速度没有那么快，深南中路能再拓宽十几二十米，那深南中路就会是另外一个样子了。不管什么原因，这成了深圳城市建设中的一个小小遗憾。

告别战友往西行，看见一栋六七层的小楼，是赛格大厦。赛格集团整合了深圳大部分电子企业，成为一个集团公司。继续西行，穿过华强北路，来到了华强电子公司厂区。华强公司的西边是中国航空技术深圳有限公司（以下简称"中航技深圳公司"），是国家航空工业部下属的企业。中航技深圳公司占地面积很大，达10多万平方米，已经建起了几栋标准厂房。靠近深南大道路边的厂房里开设了天虹商场。其他厂房里开办了许多高科技企业。

从中航技深圳公司的地盘出来，我推着自行车穿过深南大道。深南大道正在拓宽修建。有的路段挖掘机在开挖路基，有的路段压路机在压平路面，有的路面在浇筑混凝土、铺设沥青。以我从小城市出来的眼光观察，我觉得有二三十米宽的深南大道其实不算狭窄；但是，路面确实有些高低不平，车辆行走时，一会儿爬坡，一会儿下行，不是太舒服。听说梁湘等市领导到新加坡考察，看到当地宽敞的马路和马路两边大片的绿地，感到深圳道路的标准不够高，决定重新制定深圳道路标准。尤其是要对深南大道做一次大规模、高标准的改建，按照 60 米以上的宽度标准拓宽道路，削高填低，平整路面，让深南大道成为能够与新加坡道路媲美的中心大道。

穿过马路，我顺着深南大道往东走，时间差不多了，该回机关吃午饭了。回程路上，在深南大道的路南我又看到很多在建工程，或者广告牌。先是北方大厦，由兵器工业部建设；接着是南方农垦大厦，由农业部建设；统建楼，投资方中有核工业部；等等。

那天我走过的路是深南中路中的一段，长不过几里路，却聚集了国家十多个部门在深圳投资创建的中央企业。有人称这段路是"央企八大金刚扎堆"的地方。那时候的深圳有两个热闹地段，一个是罗湖区的东门老街一带，是深圳原来的县城商业区；还有一个就是正在建设的深南中路这一段，与华强北路形成一个十字形商业街区。央企聚集，资源汇集，预示着这里将要成为深圳一个重要街道。当时很多人都感觉到了这一点，但是后来这条路的发展速度远远超过人们的想象，这里成为创业大舞台、商业万花筒、财富聚宝盆，上演了一场场财富传奇的活剧。

看着如今华强北街区高楼林立、车水马龙、异常繁荣的盛况，回忆起 30 多年前荒凉落后、大兴土木、尘土飞扬的景象，恍如隔世。30 多年弹指一挥间。在如此短的时间里，深圳创造了"一夜城"的奇迹，华强北上演了中国电子产业从无到有、由弱变强、引领世界之风气的活剧。

第二章 "国家队"大军南下

深圳电子大厦成地标

深圳电子大厦位于深南大道与华强北路交界处。后来华强北一带建起了许多更高的摩天大楼，20层高的电子大厦身处其中并不起眼。但是，它作为深圳经济特区第一栋20层高楼的历史地位无人能够撼动。

2005年为纪念深圳经济特区建立25年，深圳市文化局等单位联合开展了评选深圳改革开放十大历史性建筑活动。评选结果，深圳电子大厦榜上有名。主办单位的颁奖辞是："她，曾经是深圳特区第一高楼。如果说，华强北电子街是一条河，她，曾经是这条河的源头；如果说华强北商业圈是一个舞台，她，曾经是这个舞台最早的导演；如果说深圳电子工商业是一棵枝繁叶茂的大树，她，就是看着这棵树长大的园丁。"

这座大厦的投资方是深圳中电公司；承建方是早期调入深圳参加建设的基建工程兵部队。1983年，由于基建工程兵撤销，包括建设深圳电子大厦的队伍在内的基建工程兵两个师调入深圳集体转业，成为深圳建设集团公司。

国家第四机械工业部（即后来的电子工业部）要到深圳发展的决定早在1980年4月就做出了。时任副部长的刘寅找周志荣（广州国营750厂代理厂长兼总工程师）谈话，让他到深圳组建公司。周志荣来到深圳后，组织员工搭竹棚安家，挖水井取水；从番禺买来砖头盖起了简陋的车间，开始与港商合作组装收录机。组装收录机赚的加工费舍不得花，积少成多

1980年深圳中电公司成立之初，就在这个竹棚里办公
图片来源：吴赛锋主编《华强北40年影像记忆》

用来建深圳电子大厦。中电公司的经营业务发展势头良好，一手抓来料加工，一手抓外贸经营，相继成立了京华电子有限公司、华发电子公司等。后来由于发生了一个港商在进口货物中夹带了一批收录机的散件而被定性为重大走私案的事故，周志荣被捕，中电公司的发展遭到了严重挫折。这件事情的详细经过写在《深圳财富传奇：占领华强北》（段亚兵著，人民出版社出版）一书里。为写《深圳财富传奇：占领华强北》这本书，我采访了已经刑满释放的周志荣本人，对中电公司和他本人的经历深感惋惜。

1984 年中电深圳公司更名为"中国电子技术进出口公司深圳工贸公司"，在欧阳忠谋领导下，公司盈利 240 多万元。1985 年 3 月沈正中继任深圳中电总经理。1988 年，公司进出口总额达到 6623 万美元，工业总产值达到 26784 万美元。公司在深圳电子大厦旁边又新建一座 38 层高的大楼，名为"电子科技大厦"。该公司形成了电子进出口、金融证券与房地产三足鼎立的局面，年营业收入超过百亿元。

深圳变成中国电子工业发展的桥头堡

实际上，四机部（第四机械工业部）开始关注深圳经济特区发展的时间要追溯到更早。

改革开放后，大家看到了我国与国外先进国家相比在电子工业发展方面落后的现实。我国急需引进先进技术，但遇到了"巴统"的严格封锁。"巴统"的全称是"巴黎统筹委员会"，其作用就是限制成员国向社会主义国家出口战略物资和高技术，包括军事武器装备、尖端技术产品和稀有物资等。我国是社会主义国家，自然成为"巴统"的限制对象。为了打破"巴统"的封锁，国家有关部委决定发挥深圳毗邻香港的优势，将集成电路的设计放在香港，将检测与封装放在深圳。

经国务院领导批准后，四机部于 1979 年 6 月 21 日下文兴建深圳爱华电子公司。该年的 12 月 8 日，爱华电子有限公司组建完成，是全民所有制国有企业，有职工 800 人。由于是电子工业的先行者，市政府在深南中路批给爱华公司 96 亩土地（注：1 亩 =666.7 平方米）。当时这里满目荒凉，如今成为黄金宝地。新成立的爱华电子公司暂时没有自己的产品，就从事来料加工业务，为香港装配彩电，组装程控交换机和电脑等，在来料加工中学习先进的电子技术，熟悉国际市场行情。爱华电子公司算是深圳第一家重量级电子公司。

1982 年 5 月，第四机械工业部、国家广播电视工业总局、国家电子计算机工业总局合并组建电子工业部，张挺出任首任部长。新成立的电子工业部更是加大了对深圳电子工业的支持力度。1983 年 12 月，电子工业部决定成立"电子工业部深圳办事处"，代表电子工业部管理部属企业在深圳、珠海、汕头兴办的合资企业与内联企业。电子工业部驻深圳办事处有"小电子部"的声誉，为深圳电子工业的发展做了大量卓越有效的工作。时任电子工业部副部长的曾培炎评价说："办事处对推动深圳电子工业的发展做了历史的贡献，起到了组织、推动与桥梁的作用。"1987年，电子工业部驻深圳办事处结束了"政企合一"的历史，实行政企分离，成功转制为深圳桑达电子实业公司，隶属于"中国电子信息产业集团"。

四机部的本意也是要充分利用深圳对外开放窗口的优势，迅速了解国际行情，引进技术和资金，争取与外商合作，将深圳作为中国的电子工业发展的桥头堡。从后来的发展看，四机部的这个目的达到了。

国家部委所属企业扛起大梁

华强北街道辖区最西侧、靠着华富路的是中航技深圳公司，占地面积很大，有 10 多万平方米。靠着深南中路这一侧能够看到的建筑物有上海宾馆、格兰云天大酒店和高大雄伟的世纪汇大厦等。这个区域内高楼林立，竞相拔高。高楼意味着更大的体量、更多的空间。在寸土寸金的地头上，使用面积就意味着财富。相比之下，上海宾馆显得十分低矮，好像是骆驼群里的小羊羔。曾经有人建议拆除上海宾馆，重盖一栋摩天大楼。幸亏这个满眼金钱的意见被否定了。上海宾馆虽小，却是最早建在深南大道边的楼宇，小而巧，造型美，不仅在深圳建设史上拥有重要的地位，在建筑艺术上也极有价值，享有"深圳坐标原点"的美称。

1984 年的上海宾馆

2012 年的上海宾馆

中航技深圳公司当年为什么能拿到这么一大片土地呢？因为中航技深圳公司有实力，且进入深圳早。中央决定对广东、福建两省实行特殊政策不久，中航技就在广州设立分公司，同时在深圳设立办事处。深圳经济特区正式建立的时间是 1980 年 8 月 26 日。所以，与中航技人谈话时，经常会听到他们说："中航技与深圳经济特区一起成长……"

中航技看好深圳的发展前景，有意在深圳施展拳脚。为此，航空工业部段子俊副部长亲自来到深圳找梁湘说："如果能够得到深圳市政府的支持，中航技可以为特区装扮一个亮丽的门面……"梁湘当然十

1983 年的中航技

分欢迎，同意划给中航技这片土地。从 1981 年 3 月开始，大型推土机开进这片土地，削平山头，填平沟壑，短短一个月时间实现了"七通一平"。同年 9 月，建成了 4 栋牛毛毡的快装厂房和简易办公房，先后开办了南航电子厂、航空精密模具厂、深圳航空铝型材厂等。1982 年 4 月，中航技深圳办事处升格为中航技深圳工贸中心，第一任总经理是李国富。中航技人实践了对深圳的承诺，在深圳的高新技术产业发展中发挥了中坚作用，成为深圳华强北街最早的奠基者之一。

改革欲饮头啖汤，荒原草地摆战场。深圳早期有很多国家队伍进入经济特区创业。在华强北片区深南中路的马路两边，有兵器工业部的北方大厦、农业部的南方农垦大厦、核工业部的核电大厦、纺织工业部的兴华大厦等。再后来，华强北路（包括深南中路这一段）不但成为中国著名商业街，甚至在世界上也产生了很大影响。

央企为什么会如此集中地来到深圳呢？饮水思源，这要感谢王震同志。

1978 年 11 月中央召开十一届三中全会，做出了把党和国家的工作重心转移到经济建设上来的决定。

十一届三中全会像春风一样吹绿了中国大地，从此改变了中国的命运。中央和国家各部委、全国各省区市认真贯彻中央精神。王震做事从来都是雷厉风行，这次当然也迅速地行动起来。1979年12月，他率领国防工办主任洪学智以及国防工办系统的20余位领导，来到深圳实地考察。新建立的深圳市委招待所条件非常简陋，食堂是用铁皮搭建而成，狭小的场地里最多只能摆设3张饭桌。王震就住在这个招待所里，在铁皮房子里吃饭。

到达深圳的当天下午，王震就在招待所会议室开会，听取深圳市委书记张勋甫汇报工作。张勋甫汇报说，对新建立的深圳来说，搞好城市规划是最着急、最重要的工作之一，但困难的是深圳非常缺乏专业人才。王震表示："这方面我们可以支持你们，回去后就调规划设计人员来。"王震离开深圳一个月后，就抽调了100多名城市规划设计人员到深圳，帮助做好深圳的地质勘探、城市规划设计等工作。

王震这次带领20多名部级领导到深圳，一方面调查了解情况，为深圳的发展出谋划策；另一方面也启发了各部的领导，让大家认识到应该积极利用深圳这个改革开放的窗口，对外开放、内外交流，尽快将我国的国防工业、电子工业发展起来。可以说由于十一届三中全会精神的指引，王震副总理带头调研，最终在深圳出现了"央企八大金刚"到深圳各显神通的结果。其中贡献最多的可能要算四机部（后来的电子工业部）。

从某种意义上说，如果当年没有国家队伍来到深圳，就不可能有深圳的高起点、快速度发展。

如今的深圳已经成为国家一线城市，地区生产总值排名在上海和北京之后位列全国第三。深圳的电子产业发展极为迅速，实力极其雄厚，"中国电子第一街"的牌匾也挂在华强北。而深圳刚起步时，只是一个县城，没有大学，没有国家级的科研院所，没有最起码的技术队伍。深圳建市前全市只有一名中级工程师和两个技术员，无高级职称技术人员。

深圳经济特区建立时，国家没有资金投入，完全是白手起家。深圳经济特区面积327.5平方公里，加上非特区的宝安县全市共1960多平方公里。按照当年市委常委、秘书长邹尔康的说法："深圳发展靠两皮，一是地皮，一是嘴皮。地皮是我们发展的唯一物质基础；靠嘴皮宣传党和国家改革开放的政策，与外商洽谈投资办厂……"深圳就是要在一块荒地上创业，在一张白纸上写字。由谁来创业？怎么才能写出最新最美的文字？事业要靠人才来干，人世间最宝贵的是人才。万事开头难，有人才就不难。

就是在这种情况下，深圳首先向国家各部委求援，求来国家级的队伍在创业中打头阵；而中央确定了中国改革开放的方针政策后，国家各个部委首先行动、做出表率，为改革开放做贡献，用实际行动支援深圳经济特区的发展事业。由此，上下同心，双方一拍即合，共同在深圳创业。正因为这样，深圳人从来都说，深圳经济特区是国家改革开放的窗口，深圳是全国的深圳。深圳能有今天，是全国人民一致努力的结果。这绝对不是客气话。

第三章　赛格创造奇迹

赛格诞生

有经验的老农民说，不同的土壤适合不同的植物生长。也许这句话用到工业产业的发展上也是对的。深圳的创业沃土特别适合电子产业的发展，深圳经济特区建立的几年间电子产业首先进入了快速发展期。

市领导始终在考虑深圳经济特区的发展方式，早在 1982 年制定的《深圳经济特区社会经济发展大纲》中，就提出"深圳的工业以电子工业为主"的方针。后来的发展历史证明，深圳市领导的眼光看得比较远，决策是正确的。电子行业的特点是投资少，门槛低，渗透力强，各行各业的发展都离不开电子行业的发展。这就预示着电子行业的发展前景极其广阔。在缺乏资金、缺乏人才、发展基础极度薄弱的情况下，深圳自然产生向国家有关部门求得支持的想法。这是后来深圳电子产业发展成功的一个关键。

1984 年，市委书记梁湘给时任电子工业部部长的江泽民写了一封聘请信，提出了深圳打算将电子行业已有的众多小企业加以整合，形成规模优势，并聘请电子工业部驻深圳办事处主任马福元领军。梁湘特意派副秘书长曲华专程将信送给江部长。

电子工业部党组为此专门开会研究。会议同意支持经济特区电子工业建设实现发展规划目标，加强电子工业部深圳办事处的工作；决定让马福元以电子工业部在任党组成员、电子工业部深圳办事处主任的身份，应聘于深圳市。

当江部长就这件事征求马福元本人的意见时，这位向来对组织决定无条件服从的老党员，没有半点儿的含糊和犹疑，当即答应。于是，马福元于 1985 年 7 月，怀揣着电子工业部党组同意受聘的信函，直飞深圳。马福元一到深圳就第一时间到市委向梁湘书记报到。梁湘对马福元表示了热情欢迎。马福元表态说："中央决定在深圳建立特区，这是新事物，大家都没有经验，要摸索着干。部党组领导的意思和市委领导的想法一样，把深圳分散的小电子企业组织起来，加以整合形成强有力的团队，走向世界。但是这项任务难度太大了。说老实话，对我是生平头一回，成败难料啊。但是我还是愿意来，主动请战，破釜沉舟！"梁湘听了哈哈大笑说："我是背水一战，你是破釜沉舟，看来我们两个人都没有退路了……"

马福元上任后通过调查研究，很快搞清楚了深圳电子行业的底子。深圳的电子企业，有中央各部委办的、各省区市办的、深圳市办的，有中外合资的，有外资独资的。它们各有归属，各自为政，形成了一种多头领导、分散管理、低水平重复建设的局面。例如，仅收录机厂就有 56 家，做电脑的有 80 多家，但大都在做进口元器件组装的后道工序。摸清情况后，马福元产生了整合的思路：他想把分散的企业整合成为集团军，这个集团是一个利益共同体。

1986 年 1 月，深圳电子集团公司（后更名为深圳赛格集团公司）正式成立。国务委员谷牧亲自剪彩，电子工业部部长李铁映、深圳市市长李灏致辞，香港地区及外国金融界、财经界和企业界的许多知名人士前来恭贺。会上宣布，马福元正式出任深圳电子集团董事长兼总经理、深圳电子行业协会首任会长。深圳电子集团成立的消息在国内外引起很大反响。

马福元感觉"深圳电子集团"这个名字缺乏

深圳电子集团公司（赛格）成立
图片来源：吴赛锋主编《华强北40年影像记忆》

个性，公司名称要个性突出，叫起来响亮，方便与国际接轨。他根据公司英文名称SHENZHEN ELECTRONIC GROUP的缩写SEG，将公司名改为"深圳赛格集团公司"（以下简称"赛格集团"）。马福元解释说："'赛格'就是'赛国格，赛人格，赛品格，赛风格'。"

赛格集团成立一年，不仅集团成员个个盈利，一年创利税1.5亿元，而且1986年全年产值达到13亿元，占深圳当年工业总产值的38%。再后来，"赛格"牌电视机、录音机打进了香港地区及美国市场。赛格凭着优质产品开始在市场上有了一些发言权。赛格的榜样有了吸引力，处于一盘散沙状态的大部分深圳电子企业纷纷起而响应。至 1988 年 1 月，集团旗下已拥有桑达、华强、康佳、爱华、宝华等 117 家电子企业。

赛格集团的集群效益很快显现出来。原来企业贷不到款，银行爱理不理；后来银行主动上门服务。仅 1986 年、1987 年两年，在集团担保下的企业贷款达到 2.55 亿元。原来分散的企业没有力量搞研发，后来赛格集团联合起国内 15 所高等院校、28 家研究所和多家实力雄厚的企业，大力开发新技术、新产品。集团成立的第一年就开发出新产品 78 项，新增产值 2.5 亿元；第二年又开发出新产品 215 项，新增产值 4.3 亿元。

赛格集团羽翼渐丰之后，马福元走出了第二步棋：兴办大型骨干企业。马福元选择项目，不是以赚不赚钱为标准，而是以国家电子工业发展的战略目标为依据，从而创造了一种"国家目标、企业行为"建设重大电子工业基础项目的路子。马福元将集团最多数量的资金，先后投在了 4 个基础性项目上。

首个是大功率晶体管项目。赛格集团和美国 IBDT 亚洲有限公司合资组建深圳深爱半导体有限公司（以下简称"深爱公司"），共同投资 1349.6 万美元，投资比例中方占 73%、美方占 27%。1992 年 3 月，公司后封装生产线正式投产。1997 年 3 月 31 日，深爱公司第一片大功率晶体管芯片走下生产线。经过 20 多年的发展，深爱公司已成为拥有 4 英寸、5 英寸等生产线的大型晶体管芯片生产企业，年销售收入达到 6 亿元。

第二个是中外合资彩管项目。赛格占总投资的 45%。1989 年 5 月，赛格集团与日本日立公司合资兴办"赛格日立公司"，项目总投资 1.6 亿美元，年产量 160 万只彩管。至 2004 年 7 月，赛格日立累计生产出 54 厘米彩管 3000 多万只。今天，深圳博物馆中陈列着当年赛格日立生产的第一只彩管，还在向人们默默地述说着那段辉煌的历史。

第三个是彩管玻壳项目。既然开办了彩管厂，那么再接着开办彩管的配套产品玻壳制造厂就是水到渠成的事了。1989 年 8 月 20 日，深圳中电康力玻璃有限公司成立，注册资本 4400 万美元。其中，赛格集团占 30% 股权。该项目于 1989 年 12 月破土动工，1992 年 10 月点火，1995 年通过国家验收。1997 年 6 月，公司通过改组转制成为赛格中康上市股份公司。1998 年 8 月，公司与韩国三星康宁株式会社正式合资，成立了深圳市赛格三星股份有限公司。公司生产的各类屏、锥产品，供应全国各彩管生产企业。部分产品远销美国、韩国等地，成为国内同行业中率先将玻壳产品打入国际市场、产品出口量最大、外销率最高、出口创汇最多的玻壳厂家。

第四个是超大规模集成电路项目。这个项目，马福元花了最多的心思，倾注了大量心血。但遗憾的是，最后还是没有做成。

正确的经营管理思想转化成了巨大的经济效益。1987 年赛格集团的工业总产值达到 20 亿元，销售收入达 15 亿元，外销收入超过 1.5 亿美元，利润和税收总额达 2.23 亿元，分别比两年前增长 105%、106%、292% 和 161%。到了 1991 年，赛格集团的产值已达 40.2 亿元，销售收入 29 亿元，外汇收入 3.2 亿美元，持上市公司原始股票 7745 万股，净资产从 1985 年的 2264 万元增长到 2 亿元，7 年间增长了 8 倍多。这些数字说明，不仅是赛格集团的国有资产迅速增值，而且更重要的是赛格集团的经济结构发生了质的变化，赛格人的精神风貌焕然一新。

创办电子配套市场

发展电子产业，电子元器件特别是芯片是关键。

马福元认为："电子元器件中的集成电路是电子技术的核心，是心脏。往往由于我们缺少集成的高技术含量的芯片，影响开发高技术含量的新产品。"对电子产业的发展来说，芯片的重要程度怎么评价都不为过。我国的电子产业为什么落后？就是因为没有掌握电子芯片这样的核心技术，因而处处受制于人。而且电子芯片还有一个特点，其发展速度十分迅速。按照戈登·摩尔研究提出的摩尔定律，集成电路上可容纳的晶体管数目，每隔约 18 个月便会增加一倍，性能也将提升一倍。由于电子芯片的这种神奇发展速度，后来的研究者很难追上先行者。

深圳当年发展电子产业遇到的芯片问题，在几十年之后仍然是制约我国电子产业发展的最大问题。2018 年，美国对中兴通讯企业芯片的封锁差一点儿让我国排名第二的电子巨人倒下就是例子之一。

当时的深圳电子产业处于这样一种状态：电子元器件不能配套，企业很难在深圳采购到电子器件。企业常常为了诸如电阻、电容之类的小元器件，不远千里前往北京或是上海购买。当时国内的交通与资讯不发达，如此远距离的采购，付出的成本极高。这个问题若不能解决，势必极大地阻碍电子产业发展。马福元看得很清楚，这就是电子产业发展的瓶颈！寻找元器件进行配套是当务之急！

更何况，当时许多元器件我国还生产不出来，想买都没有地方去买。这样的元器件只能依赖进口，但是要想进口又谈何容易。最大的障碍是深圳的电子企业没有进口权。进口必须通过对外经济贸易部授权的国有进出口公司办理。而代理进口的手续极为复杂：提出申请后，经过多道手续，层层审批，没有几个月时间是不行的；批文好不容易下来了，还需要外汇指标，申请外汇指标也是一个很难办的事情；然后由外贸公司进口。如果需要大宗进口元器件，外贸进出口公司也解决不了，只能通过全国电子元器件供销会想办法。当时中国还是计划经济体制，一切企业的生产经营活动都要通过计划推进。电子工业部每年在北京召开专门的供销会议，对芯片和电子元器件这些专业而重要的产品，用"计划"的办法分配。开会前，全国各地的电子厂家根据生产需要上报计划数量，电子工业部有关部门汇总需求数量，然后召开会议。参加会议的，有国内的生产厂家，也有从国外请来的各种芯片元器件供应商。大家在会上见面谈生意，讨价还价。有一位经常参加供销会议的厂长评价说："这个会议就像俺们北方农村春耕前的'骡马大会'，农民们都要到集市上买牛买马买骡子准备下地耕地……"这句形象的话传开了，因此，行业内人士都将供销会议称为"骡马大会"。

生意谈好了，签下了订单合同。订单总数汇总起来，上报国家计委批准。红头文件下来后，企业才可以凭着批文，到有关部门申请拨款，到外汇管理局申请外汇指标，寻找有进出口权的公司代理进口电子元器件。办完以上这些事情，往往几个月时间就过去了。当工厂拿到急需的元器件，可能市场情况已经发生了变化。这时候生产出来的电器产品，或者市场上已经大幅降价，赚钱的生产计划做成了赔本的买卖；或者市场已经淘汰了这一类电子产品，进口来的电子元器件没有用了，变成了废物锁进了仓库。

可见，电子元器件的供应与不配套的问题，不仅制约着深圳电子工业的发展，也严重地影响着深圳的投资环境。建立一个对内、对外开放的电子配套市场，按供需要求公开交易，就成了赛格集团上百家成员企业的强烈要求，也成为深圳电子行业的共同心声。

根据企业的强烈呼吁，马福元下定决心，要办一个深圳的电子配套市场。马福元曾经率团去日本考察，专程到过东京秋叶原电器市场参观。他看到出售品种极其繁多的电子元器件市场，就像瓜果蔬菜市场一样热闹，当时就萌生了在深圳成立电子配套市场的想法。后来，他要让这个想法变成现实，让深圳拥有自己的"秋叶原"，在深圳创办自己的"骡马大会"。

今天在华强北做生意的许多年轻人，可能认为开办电子市场这样的事很容易。今天的华强北商业街上有多少个电子市场啊，不稀奇。但是，人们不明白在深圳经济特区创业初期，想干这样的事叫创新，想干成这样的事，那是太难了！究其原因，因为电子元器件是生产资料，生产资料必须纳入计划管理，管理权属于市政府的物资局。赛格集团只是一家企业呀，怎么能越权管理生产资料呢？但是当企业需要这些东西，找到物资局时，却被答复说："钢材、水泥这些大宗生产资料我们都管不过来呢，哪顾得上电阻、电容这些芝麻小事呢？"企业没办法，又去找市工商局，也无济于事，他们也不管这些事。

既然大家都不管，事情又不能不做，只能靠自己了。马福元儿易其稿，准备好了申请成立深圳电子配套市场的计划书。计划书上报后，得到了市委书记兼市长李灏的大力支持。李灏书记也去日本看过秋叶原电器市场，他明白这个市场是怎么回事。所以，他明确表态支持创办这样的项目。计划书上报后，很快得到市政府同意的批复。市领导积极的态度极大地鼓舞了马福元。1986 年 7 月 17 日这一天，赛格集团专门成立了一个电子器材配套服务公司，电子市场的筹建工作正式开始。

罗道义是电子器材配套公司经理，由她具体负责筹建工作。一开始，筹建办只有 4 个人、4 张桌子、1 部电话机（而且是个分机），办公室加上营业室共 40 平方米。虽然办公条件简陋，但是罗道义不怕。她明白万事开头难，任何事业都是从小到大发展的，关键是要敢于开拓。她积极了解企业需求，要求大家主动与全国许多元器件厂家联系业务，挑选质量好、供货正常的产品，帮助供应商来深圳为生产商进行配套。没有陈列柜摆放产品，她凭私人关系借来 6 个柜子，摆放在营业室当展柜。展柜里摆满了第一批产品货样，其中有不同型号规格的二极管、三极管、集成电路、电阻、接插件等 300 多种。虽然货品不算多，但重要的是深圳电子配套市场开张了。

1988 年 3 月 18 日，深圳电子配套市场正式开业。集团将办公楼的一层全部腾出来，作为电子配套市场的经营场地。整层 1400 平方米的地方，设了保税仓、普通仓、会议室、洽谈室。其余地方，则摆满了铝合金玻璃条柜，一眼看上去颇显气势。来自内地的 160 多家厂商和 10 家港商，进入了深圳电子配套市场。

这是一个极具里程碑意义的事件。该市场的出现，标志着深圳的电子元器件供销打破了计划分配的模式，按市场供需要求开始运作了；标志着深圳在发挥"四个窗口"（技术的窗口、知识的窗口、管理的窗口和对外开放的窗口）和"两个扇面"（辐射和吸引的功能）作用方面，向前迈进了一大步。这个项目对促进深圳电子工业的发展，对深圳"中国电子第一街"的形成，起到了重要的奠基作用。

这是全国第一家专门销售国内外电子元器件、组织生产资料配套供应的电子市场。电子市场采取了一系列完全不同于传统做法的管理方式：陈列柜不收费，实行免费展销；经营者的生意做成了，有了成交额，也不收取手续费；摆放在陈列柜里的陈列品如有丢失，管理方负责照价赔偿；电子市场里设立了保税仓，既方便香港等供应商展销时存放货品，也实现了海关监管；最重要的一条措施是实行代销制度，如果国内的电子元器件生产厂没有力量派销售人员，就由电子市场派人帮助展销。结果，短时间里，与电子市场建立代销关系的厂家多达 50 余家。罗道义带领销售人员走访了上海、香港、珠海、长沙等地的整机生产厂家，建立起供货关系，有时候哪怕整机厂只需要几个电阻、电容一类的小元器件，电子市场也帮助解决，甚至送货上门。

电子市场很快就出现了购销两旺的喜人景象。电子元器件的供应商在电子市场租一个柜台，不需要四处奔波找客户了；将电子元器件送进电子市场，由于供不应求很快便能销售出去；电器产品生产厂家来到电子市场，随时能够采购到自己需要的电子元器件，不用再到北京找关系、跑批文了。而且采购员们惊喜地发现，由于电子元器件供应商多了，供求关系发生变化，价格不断下跌，降低了成本，对生产厂家十分有利。此外，电子市场在信息交流方面发挥了重要作用：产供销各方在这里直接见面，洽谈生意，随时能够了解到全球高新技术发展趋势的最新信息和电子产品的最新市场行情。由于这里交流信息方便，能够做成生意，越来越多的商家加入进来，生意像滚雪球一样越来越大，生意越来越火爆。当年年底，进入配套市场交易的国内外厂家已有 200 余家，成交额 400 多万元。

马福元创办电子配套市场时，目的只是为计划经济体制外的深圳电子企业搞一个自己的"小骡马大会"。但是谁也没有想到，深圳的电子配套市场一开张，就吸引了全国的电子企业都到深圳来采购、销售、出口、做生意。结果没有多长时间，北京的"骡马大会"就取消了。虽然这种停办是整个国家经济体制从计划到市场的转变决定的，但也与深圳电子配套市场的开办为中国电子企业找到了一个新的采购、销售渠道有很大关系。马福元在总结赛格电子配套市场成功的经验时说："市场带动技术，技术产生效益，效益促进发展，发展又带动市场。我们完全围着市场团团转，最后转出了一个大好局面。"

但是，对赛格电子市场的做法，也出现了一些议论的声音。有人说，电子市场上的许多芯片和电子元器件是从香港走私过来的，我们不应该提供销售市场；又有人说，马福元开办电子市场的做法是打擦边球，钻政策的空子。对这些议论马福元是这样回答的："由于芯片和电子元器件休积小、便于携带的特点，深圳的电子配套市场上确实有走私货，赛格电子市场也不例外。但是，私下交易时海关税和营业税，国家都收不到；而进入赛格电子市场后，起码还能够收到营业税，对国家有利。有人说我们打擦边球。打擦边球没有什么不好。能够控制小小的乒乓球擦个边，不出界，这既要靠运气，也要靠高超的技术。最关键的是裁判对这个球怎么判？擦边球，裁判会判得分，而不是丢分，这个才是硬道理。深圳的许多企业不属于国家计划经济体制，不能像内地企业享受一些权利，如果不想办法一定会倒闭。因此，打擦边球得分，好过把球打出界丢分吧！"

1990年，赛格电子配套市场第一次扩容，营业面积扩大到2300平方米，年营业额增加到1000万元。1993年，赛格电子配套市场第二次进行扩容，营业面积增加到3300平方米、展柜（铺位）增加到530个，年营业额猛增到6000万元。1995年，赛格电子配套市场第三次进行扩容，营业面积增加到12000平方米，展柜（铺位）增加到1200个。

赛格电子市场出现后，不断有新的投资者仿效、复制，创办起一个个新的电子市场，这就为华强北转变成为电子一条街开辟了道路。1997年1月，位于华强北的万商电器城开业。同年，位于华强北路的大百汇商业城开业。这里逐步形成了以深圳电子配套市场为中心，东至深南中路统建楼路段，北至红荔路顺电家电广场的电子一条街。这条街上云集着 12 家专业市场和商城，成行成市的营业总面积达 4 万平方米，年营业额高达 80 亿元。1998 年 7 月，营业面积最大（38800 平方米）的华强电子世界在华强北路开业。国内外 1000 多家厂商进驻，经营各类元器件以及各类高新技术产品。经过扩容，华强电子世界营业面积达 43000 平方米，入驻商户 3000 多家。1999 年之后，在华强北商业街中，中电信息时代广场开业，接着远望数码商城、太平洋安防通讯市场、都会电子城、新亚洲电子城等相继开业。至 2004 年，深圳电子市场已发展到 20 家，营业面积已扩大到近 30 万平方米，年营业额增加到 300 多亿元；形成以赛格广场为中心，东至深南中路统建路段两侧，北至红荔路的顺电家电广场和国美电器的一个庞大的华强北电子商业区，成为中国乃至亚洲地区的一个最大的电子产品、技术集散地。2007 年底，深圳电子市场已达到 35 家（规模在 1 万平方米以上），经营面积近 60 万平方米，其中，各类电子专业市场更是以惊人的速度发展，带动了 IT、通信、数码、家电、光电、安防等产业技术不断更新，促进了数字化革命时代的到来。

2010 年，为纪念深圳经济特区建立 30 周年，深圳有关部门开展了"深圳经济特区 30 年 30 位杰出人物"评选活动。市民群众热情投票，马福元以深圳赛格集团原董事长身份当选为杰出人物之一。2012 年 3 月 24 日，深圳《晶报》发表了通讯员朱志强采写的一篇题为《赛格电子市场年交易额超 300 亿元》的报道。文章中写道："深圳赛格电子市场是中国第一家专业电子市场……被誉为'亚洲电子市场第一市'……经过 20 多年的发展，赛格电子市场目前商铺数量有 3000 余个，年交易额超过 300 亿元。"这篇文

1995 年 2 月，赛格电子配套市场被评为文明市场
图片来源：吴赛锋主编《华强北 40 年影像记忆》

章文字虽然不多，却给赛格电子市场 20 多年的发展做出了总结性的评价。时间是最公正的评论者，最权威的评判官。历史证明了赛格电子市场的宝贵价值。无论是深圳电子产业一枝独秀的出色表现，还是中国电子工业的超常规发展，其中都有赛格电子市场立下的汗马功劳。

我与许多研究深圳发展历史的学者和专家们探讨过赛格电子配套市场的意义。大家一致认为，赛格电子配套市场成立这件事，不仅是深圳华强北发展的奠基石，而且是中国电子工业发展的里程碑，甚至对中国由计划经济到市场经济转变也发生了重要的推动作用。

建造赛格广场大厦

1992 年邓小平同志发表南方讲话。这一年电子工业部派王殿甫到深圳任中国电子工业深圳总公司总经理。这年他已经 57 岁。这一年，市委决定调整赛格集团领导班子。李灏书记提议由王殿甫任赛格集团董事长。经请示电子工业部领导同意，1993 年 1 月 18 日王殿甫上任。

新官上任三把火。王殿甫的三把火是这样的：

　　一是扩大赛格电子市场规模。为此，他决定让赛格集团公司搬家，搬到比较偏僻的赛格科技苑上班，将赛格办公大楼现有的场地全部让给电子市场。结果，市场经营面积由原来的 800 平方米，扩大到 7000 多平方米。

　　二是利用赛格大厦旁边一块面积不大的土地，新盖了一栋 800 平方米的小楼，也全部用来开设电子市场。由于市场生意火爆，收到了丰盈的租金，当年就收回了盖楼的投资。两栋楼加起来，电子市场的面积扩大到了 8000 多平方米，扩大了 10 倍。

　　三是大手笔建设赛格广场。电子市场的需求魔幻

王殿甫在赛格集团

般地快速增长，很快 8000 平方米的市场变得拥挤不堪，也不够用了。1996 年，王殿甫做出了自己一生中最大胆的一个决策：在赛格大厦脚下的 1 万平方米土地上，建起新的赛格广场大厦。这座大厦要与深圳第一高楼地王大厦媲美，成为深圳的又一座地标式建筑。为此，需要将这块土地上原有的大大小小所有建筑物全部拆除。建筑这样的摩天大厦，需要投入巨额资金，一旦建成了就是赛格集团的巨额财产和形象标志。大厦裙楼的一到七层都用来做电子配套市场，这将会是一个巨型的市场，成为全国首屈一指的龙头市场。

　　1996 年 1 月 6 日，赛格大厦原址上，拆除了所有的旧建筑，土地收拾得平平整整，清理得干干净净。彩旗飘飘，锣鼓齐鸣，新大厦开工仪式在这里举行。时任深圳市委书记厉有为等领导出席了开工仪式并为大厦奠基，同时以此为标志庆祝赛格集团成立十周年。

　　经过 4 年的艰辛努力，克服了各种难以想象的困难，先后投入 15 亿元巨资，到了 2000 年这一巨大的工程终于完成了。赛格广场大厦的落成是深圳城市和工业发展史上的一个标志性事件，至少有两个意义：一是仅次于地王大厦的深圳第二高楼（赛格广场大厦高度 355 米）、福田区第一高楼诞生了。从此，赛格集团有了与自己地位相称的写字楼。这是赛格集团生产形势全面好转的时期，赛格日立、中康玻璃、赛意法半导体等几个大项目开始盈利。因此，大厦这个时候建成，确实是赛格集团走向辉煌的标志，是证明赛格集团带动深圳电子产业发展立下功劳的一座丰碑。二是赛格电子配套市场，以一个崭新的面貌横空出现。广场裙楼里的电子市场，加上附近宝华大厦也被改建为电子市场，总营业面积达到 5 万平方米。这样巨大规模的市场从此牢牢地奠定了赛格电子市场的龙头地位。

但是建造赛格广场大厦，也出现了一个让王殿甫事先完全没有想到的结果：由于在建新大厦过程中使电子市场的服务一度中断，结果给华强北路对面的华强公司带来了发展机遇。华强公司抓住时机，将几栋厂房改建成电子市场，规模也达到了 4 万平方米，成为赛格电子市场强有力的竞争对手。对赛格集团来说，这当然有些被动。但是形成竞争局面未尝不是好事。华强北的赛格集团和华强集团，像两只猛虎守住街口，隔路相望，虎视眈眈，各出高招，互相竞争，带动了整个华强北电子市场经营群体的崛起。紧接着，都会电子城（2 万平方米）、新亚洲电子商城（5

万平方米）、中电电子市场（2万平方米）、桑达电子市场（1万平方米）、远望数码城（4万平方米）等一大批电子市场相继开业。电子市场总面积超过了80万平方米。最终让华强北变成了电子一条街。从此以后，华强北作为全国电子元器件配套市场，成为全国

赛格广场

的龙头老大，被评为"中国电子第一街"，开始产生世界性影响。

第四章　华强华丽转身

成立华强三洋合资公司

新成立的华强公司开始由省电子局刘忠山副局长负责全面工作。1981 年，省委组织部选调时任湛江地区经委主任的安山到华强公司任职。安山是位老同志。中华人民共和国成立时，他才 20 多岁，随大军从河北唐山南下扎根到了广东。

安山一挑起华强公司这副担子，就感到担子特别沉重。当时的深圳可以说是一张白纸，一穷二白，一无所有。华强公司所在的土地，十分荒凉，鸟不生蛋。当时的深南大道只是一条狭窄的道路，两边都是成片的竹棚草屋，没有什么像样的房子。华强公司的前身是军工企业，生产八一型军用电台，产品品种单一，没有严格控制生产成本的概念；技术研发力量比较弱，不了解国外先进电子技术发展情况；最糟糕的是公司基本上没有市场营运经验，没有市场经营人才。一句话，当时的华强公司，大家懵懵懂懂，不懂得该做什么样的民用产品，也不知道什么样的产品适合市场，甚至是就算知道也不大会做。由于公司没有生产，也就没有收入，没有办法解决公司工人们的吃住问题，也不知道从哪里找钱来为工人们发工资。有些工人来到深圳后发现困难极多，还不如原来的工厂，就要求回韶关去了。

上任时的安山，面临的就是这样一个局面。怎么办？当然首先应该解决生产问题。华强公司虽说是省属的军工企业，但是一没有生产资金，二不懂民用产品。只有放下架子，从头做起，学习当时深圳老百姓通行的做法，开展来料加工业务。在上级领导和市政府的支持帮助下，华强公司凑了一些资金，盖起了几栋简易厂房。用竹子、木材、牛毛毡一类材料搭建的厂房，就编号为木1、木2；用钢铁金属一类材料建盖的厂房，就编号为钢1、钢2。有了这些厂房，就有了开展来料加工业务的条件。与香港老板合作，穿表链；与日本三洋公司合作，生产三洋牌小收音机……总之，有什么活就学着干什么活；只要有钱赚，不管是多少都要想办法去做，大鸡不嫌米小。为了创业，节省每一块铜板。华强公司最初就是这样起步的。

在开展来料加工业务过程中，工人们的技术水平迅速提高，公司在资金方面也逐步有了一些积累。安山感觉自己的底气足了一点儿，就开始考虑与日本三洋公司成立合资公司的事情。成立合资公司有好处，会让华强公司有更加稳定的订单和更好的收入。合作方选择三洋公司，是因为它是日本的后起之秀，是一家有实力的公司。三洋公司1947年由井植岁男创建。"三洋"是指太平洋、大西洋、印度洋。公司以"三洋"命名表达了想要与世界人民共同发展的意愿。从名字可以看出公司的胸怀和抱负。三洋公司是最早进入中国的日资公司，早在1983年三洋电机株式会社就在深圳蛇口设立了生产基地。

但是，这是一个"不太般配的恋爱"，"富家千金女"看不上"老土的穷小子"。一开始，日方看不起华强公司，不愿意谈合资的事情。安山认识到，谈判桌上，从来都是靠实力说话，不可能求对方照顾。想让资本家发善心，简直比让骆驼穿过针眼还要困难。要想拥有与对方谈判的资格，必须增强自己的力量，靠实力说话。安山再次得到了上级领导和地方政府的支持，通过上级拨款、银行贷款和自己省吃俭用，东凑西凑，集中资金，在深南大道北边建起了一栋标准厂房。正是因为有了这栋厂房，才让三洋公司的老板对华强公司刮目相看。

这栋厂房太重要了，直接促成华强与三洋公司的合作。因此，应当讲一讲建这栋厂房的人。建筑工人不是普通人，是基建工程兵战士。1979 年宝安县升格为深圳市。当时的深圳急缺建筑队伍，华强公司自然一时难找到合适的建筑队伍。这件事惊动了时任国务院特区办公室主任兼基建工程兵政委的谷牧同志。他决定让当时正在湖南郴州承建东江水电站的基建工程兵 36 支队 352 团抽调两个连队急入深圳承担这项紧急任务。1979 年 12 月 20 日晚 10 点半，15 连指导员李国栋接到了上级命令，要求部队三天之内赶到深圳。军令一下，连队连夜装车，清早出发，在两天半的时间里提前到达了深圳。承建的厂房是钢结构厂房，由日方技术人员负责技术标准。日本人要求极其严格，部队施工毫不含糊。两栋钢结构厂房按时建成，质量优良。这是基建工程兵部队为华强北建设做出的一项重要贡献。

双方经过商谈签订协议。1984 年 4 月，华强三洋合资公司成立。合资公司成立后，引进几条生产线，开始装配生产华强三洋牌收录机。很快，公司达到了年生产收录机 100 万台、彩电 15 万台的能力。收录机和彩电投放市场后，大受消费者欢迎。事实证明这是一次成功的合作。合资公司生产的产品，包括收音机、收录机、录像机、彩电、磁头等，品种丰富，性能优越，技术从简单到复杂，都是市场上的畅销产品。双方各自发挥了自己的优势，取得了令人满意的回报，合作十分愉快。

合资公司使生产稳定下来，对华强公司当然有

1984 年时的华强集团大厦，正是在这座大厦里成立了华强三洋合资公司

利。但是，安山感觉到，日方严格控制生产过程。进来多少散件，就要出去多少成品。散件的成本多少钱，日方说了算；产品在国际市场上卖了什么价钱，中方也无法掌握。日方掌握着产品研发和市场销售两个环节，赚取了大量利润，而华强公司负责制造和装配，分得的利润很少。这就是营销学理论所说的"微笑曲线"（Smiling Curve）。按照这个理论，产品研发和市场营销是这条微笑曲线的两头，利润丰厚；而中间的一段曲线就是制造加工，利润极少。从小的方面说，华强三洋合资公司产品的研发、市场两头在外，就是一条微笑曲线。从大的方面说，中国的大部分产业也是这种情况。中国获得了"制造大国"的称号，但这并不是一个光荣的名字，含有挖苦和讽刺的意味。

安山决心改变这种局面。他向日方提出由华强公司负责内销市场。日本人开始不同意。但是经过多次谈判，安山对日方晓之以理：双方是合作关系，应该双赢；如果中方长期利润太低，这种合作模式就是不可持续的。日方经过考虑，认为有理，最后同意了。华强公司拿到了国内销售权后，局面顿时大不相同。公司建立了全国销售网络，在主要城市设立了销

1984年华强三洋举办合资经营签字仪式
图片来源：吴赛锋主编《华强北40年影像记忆》

售点。结果很快就赚到了较多的营销利润，日子好过了。而由于蛋糕做大了，日方的收入也不断增加，合作双方各得其利，皆大欢喜。

华强公司就是用这种省吃俭用、精打细算、一点一滴积累的办法，凑点钱就盖楼。在深南大道与华强北路交叉的十字路口西北角，华强公司建起了第一栋9层高的厂房，称为一号楼，成为合资公司的生产楼。从一号楼开始，由南向北，一栋接一栋，一直盖了11栋厂房，办起了收音机厂、录音机厂、电视机厂、磁头厂等一个又一个合资工厂。华强公司占据了华强北街西侧的大半个街道。而华强北街东侧与一号楼一街之隔的是赛格大楼，这两栋楼成为华强北路上最著名的两座大楼，说华强北路的繁荣就是从这两座楼开始的，不算是夸张之词。

开办电子市场后来者居上

1996 年，赛格拆除旧大楼，兴建新的赛格广场。原来的电子市场没有了场地，市场出现了空档期。机会就这样突然降临。华强公司领导审时度势，抓住机遇，决定在华强的一号楼里开办华强电子市场。当然，这样做会有一定的风险：这么大的厂房用来开办电子市场，华强有没有与之相匹配的招商能力呢？能不能吸引足够多的租赁经营者呢？

后来的情况出乎所有人的预料，华强电子世界招商出现了火爆场面。招商广告贴出去墨迹未干，就有人开始要求登记铺位。正式开始招商的那几天里，商铺登记处的窗口外排起了超出一里路的长长队伍。有人看正常排队拿不到铺位，就出高价收购二手铺位，于是开始出现了炒作铺位的现象。华强公司一期推出的商铺根本供不应求。华强公司领导当机立断，将连在一起的一、二、三号楼全部辟为电子市场。在楼与楼之间建走廊，将 3 座楼连接成为一个巨型电子市场，面积达到 4 万多平方米。这样一来，华强电子世界崛起成为华强北的龙头老大，坐上了电子市场的第一把交椅。

华强电子世界市场火爆的场面启发了其他投资商：哦，华强北的潜力大得很，蛋糕还可以做得更大。于是，一些有眼光、有胆量的投资商，寻找合适的厂房，继续复制赛格和华强电子市场的模式，在这条街上建起一个又一个新的电子市场。短短几年间，华强北发生了翻天覆地的变化。先是赛格电子市场一王独大，后来赛格电子市场、华强电子世界两霸争雄，再后来都会电子市场、新亚洲商城等纷纷登场，出现了众多强手你跑我追、逐鹿中原的局面。那景象，华强北就好像是春天雨后的一座山林，一丛一丛的蘑菇冒了出来，在绿地上支起了无数白色小帐篷；具有强劲生命力的春笋破土而出，拔节劲长，转眼成为一片青翠竹子林。就在这样的八仙过海、各显神通、你死我活、此起彼伏的激烈竞争过程中，培育了市场，做大了蛋糕，最终使华强北成为威震四方的电子一条街。2009 年 12 月，在有关部门组织的评选活动中，华强电子世界高票荣获"深圳十大品牌专业市场"和"市民信赖的深圳专业市场"的荣誉称号。

文化＋科技闯出一条新路

20世纪90年代末期，华强公司开始了转型升级。变化最早是从华强公司电子世界市场开始的，结果华强公司从纯粹的制造业逐渐地转变为以电子商务为主的现代服务业。这是华强公司业态方面的第一个变化。还有另一个变化：从简单的科技型企业逐步转变为科技＋文化的复合型科技企业。

这后一个变化要从一次成功的企业收购说起。20世纪90年代末期，随着中国改革的深入，军队为强军精兵开始实行系列改革措施，其中一条是军办企业与军队脱钩。总装备部原来在深圳办有一家高科技公司，在市场上询价准备出售。梁光伟是最早对这个消息产生极大兴趣的公司领导人。

梁光伟是1980年入伍的基建工程兵一团战士，当年就随部队进入了深圳。他酷爱读书学习。部队集体转业成为市建一公司后，他考入了深圳大学电子系在职读书。毕业时恰逢华强公司到市建一公司选调人才，选中了他。梁光伟调入华强，从车间开始做起，一步一个脚印，10年时间升职成为公司副总裁，主管财务工作。

梁光伟到这家企业详细考察。企业注册资金200万元，实有资产80万元，53名员工，大部分是搞科研的。企业负责人李明是从美国、加拿大学习实践回来的。公司要价2000万元。梁光伟看到了这家公司的潜力，说服持不同意见的领导班子其他成员，建议收购了这家企业。收购后改名为华强文化科技公司。这个团队进入华强公司后，如鱼得水，大展拳脚，英雄有了用武之地。华强也因为有了这一支队伍，顺利地进入了文化+科技的全新领域。

2004年6月，华强在重庆投资兴建了35000平方米的重庆科幻乐园，初战告捷。2005年12月，在安徽芜湖长江边一片开阔土地上兴建了芜湖方特欢乐世界，这是我国极具特色的主题公园。方特世界开园后，受到游客热捧，游客人数超过黄山，成为安徽的重要旅游项目之一。2008年12月，在山东省泰安市兴建泰山方特欢乐世界。2010年底，华强在芜湖的第二个主题公园方特梦幻王国正式营业。2011年，株洲、青岛、沈阳三地的主题公园又相继开业。

方特欢乐世界的魅力产生了国际影响，许多国家主动与华强商谈在当地兴建方特娱乐项目。2008年5月，华强文化科技公司与伊朗Saman Gaostar公司签约，共同在伊朗建设方特卡通动漫园，这将是伊朗最大、最先进的动漫园区和旅游景区。2009 年 5 月，国家开发银行、中非发展基金、深圳华强集团、南非工业发展公司签约，将在南非约翰内斯堡建设文化科技主题公园，这是中国向非洲出口的首个大型文化产业项目。

为了实现中国文化产业规模化发展，提高中国文化产业发展水平，打造中国文化走出去的产业平台，华强集团近年来加快在国内布局整合"创、研、产、销"产业链，打造集约高效的文化科技产业基地。2009 年 5 月，在辽宁沈阳兴建华强文化科技产业基地。2009 年 9 月，在湖南长沙兴建华强文化科技产业基地。2009 年 11 月，在山东青岛兴建华强文化科技产业基地。2010 年 6 月，在河南郑州兴建华强文化科技产业基地。以文化科技产业基地为载体，华强文化产品的生产创作水平跃上新台阶，多项拳头产品打开国际市场，树立了中国文化品牌。据国家广电总局公布的 2010 年全国电视动画片制作发行情况数据表明，华强数字动漫公司以 12818 分钟的产量，荣获全国十大动画生产企业亚军。2010 年，华强有 4 部动画在央视播放，其中《十二生肖总动员》成为央视少儿暑期收视冠军，《小鸡不好惹》创下当月收视最佳。华强的动漫作品出口至 100 多个国家和地区，累计出口 10 万分钟。作品先后获得广电总局国产优秀动画片、白玉兰奖、金龙奖、日本 TBS DigiCon 6 大奖、意大利海湾卡通节普尔辛耐拉奖、法国戛纳电视节 Kids' Jury 大奖等大奖。

华强公司与深圳经济特区共同成长，30 年间由小变大、由弱变强，取得了巨大成功，实现了华丽转身。如果粗线条地勾勒一下华强公司发展的轨迹，可以看出：实行来料加工，从技术单一的军工厂变成了掌握最新、最复杂技术的现代电子企业；实行股份制改造，建立现代企业制度；创办电子市场，从制造业向高端现代服务业转型；创办文化企业，从单纯科技型向文化 + 科技复合型企业转型。每次转变和转型，都取得了成功，积小胜为大胜，最后华强公司成长为享誉国内外的著名公司。

2010 年，在深圳经济特区建立 30 年的时候，有关单位开展了一个全市 30 年 30 位杰出人物评选活动。9 月 3 日，评选结果揭晓，华强集团董事长兼总裁梁光伟获杰出创新人物称号。这是对华强 30 年艰苦创业历程的肯定，是全市人民赠给华强集团的一枚勋章。

华强以弘扬传播中国文化为己任。远大的抱负、崇高的责任和出色的能力，华强因此得到了中央领导的关怀与支持。2008年10月18日，李长春同志视察华强时对华强提出了"学习迪士尼，超越迪士尼"的要求。2009年4月20日，温家宝总理视察华强集团时高度评价说，华强将科技与文化结合在一起，传播中国文化的做法"前途无量"。特别是2011年8月11日，胡锦涛总书记在深圳大运会期间来到深圳，专程到华强文化科技集团视察。在参观企业、听取公司领导汇报后，发表讲话说："华强文化科技集团公司确实名不虚传。华强集团之所以能够取得今天的成绩，关键在于把文化和科技融合在一起，走出了一条创新自主发展之路。希望你们当好领头羊，希望就在你们身上。"

这么多中央领导在这么短时间里这样密集地到华强公司调研，关心一条街、一个企业的发展方向，说明了华强北、华强公司的重要性。华强北肩负着中国电子产业健康发展、电子技术不断升级的重任；华强公司肩负着通过文化＋科技的手段，让中国文化走向世界的光荣使命。

华强集团公司　　摄影：段亚兵

华强广场　　摄影：段亚兵

第五章　变身繁荣商业街

华强北既是电子一条街，也是一条商业街。按照时下专业的术语说，电子交易街是 B to B（Business to Business，商家对商家），而一般的商业街是 B to C（Business to Customer，商家对消费者）。一般而言，电子交易街上来往的都是行内人，生意可能做得比较大，但人气不会太旺；而商业街上人来人往，摩肩接踵，熙熙攘攘，是消费者喜欢的热闹大街。华强北，从一条厂区道路开始，变成工业区里的电子产品交易街，再变成消费者川流不息的商业街，一些超市、服装等商家企业做出了特殊贡献。

万佳百货试水华强北

1993 年，深圳万佳百货进驻华强北。万佳连锁商业有限公司成立于 1991 年，可能是中国第一家以连锁商业的名义注册的公司。公司经理名叫吴正波。

万佳百货商场照片

原在罗湖区友谊城 4 楼的万佳百货感到经营场地不够用了，在全市到处寻找新的经营场地，最后确定进驻华强北。万佳百货的这一行动促进了华强北的转型，这是华强北商业街发展史上的一个重要事件。

万佳百货的这次迁址不是一次简单的搬迁，借此机会它实现了一次经营模式的转变。吴正波决定学习沃尔玛等的国际上新流行的经营模式。华强北新开张的万佳百货营业面积扩大到 7000 平方米，由传统的经营方式转变成仓储式平价大卖场。万佳百货商场 1994 年 7 月 17 日正式开业。开业那天，喜欢热闹的顾客里三层外三层围在外面参加开幕仪式。

当开门的时间一到，悦耳的铃声长时间响起，所有的大门一齐打开。顾客像潮水一样涌进商场。装修一新的商场，格外新净宽敞。正面墙上"把万佳带回家"的标语分外醒目。数米高的巨大的货架上，摆满了琳琅满目的新颖商品。充分利用货架上方的空间，将它设计成为仓库，摆满了轻量级的商品，不但方便存储、寻找货物，而且节省了商场的空间和仓库的费用。整个商场有统一的 VI 视觉识别（Visual Identity）系统，基本格调为绿色，看上去舒服，又寓意环保。经过严格培训的服务员们，身着绿白相间的工作服，排队站在货架旁边和收银台后面，排列整齐，精神饱满，像训练有素的士兵。精神饱满的服务员，面带亲切的微笑，身穿绿白相间的工作服，站在各自的岗位上欢迎顾客。顾客对万佳百货这种新式的购物商场充满了好奇，都想先睹为快、在第一时间来逛商场。许多顾客是全家出动，扶老携幼来看热闹。

万佳百货将百货商场、超级市场、肉菜市场、生熟食店、专卖店有机结合，在国内创造出了一种"大型综合性超市"的经营业态，满足消费者的"一站式"购物需求。万佳百货商品品种逾3万种，其中食品、日用品占到一半以上。设立在入口的10元促销区以及新鲜的水果蔬菜、速冻包装食品等，特别受欢迎。由于品种齐全，价格便宜，迅速形成了一批家庭消费品的稳定客源。

顾客感觉到了在这里购物的方便。进门时，推上一部购货车，在商场里自由走动。中央是一个宽大的走廊，相当于城市中的主要干道。高大的货架摆在两边，货架之间的走道算是支线。虽然高大的货架有点阻挡视线，但是中央走廊上方挂着品类商品的大广告牌。根据广告牌的指引，你能迅速找到大类商品；再根据货架上的小广告牌就可以方便地找到你需要的商品。如果你不熟悉环境，一时找不到需要的商品，也可以咨询守在货架旁的服务员，让她帮你寻找。选好需要的商品后，放在推车里，然后再寻找下一个商品，以此类推，直到选好所需要的所有商品。最后，到收银台结账。结完账后，如果你的货物比较多，还可以请服务员帮着送到你的汽车上。大件的商品可以办好送货手续，由商场派人直接帮你送到家中。深圳的顾客们，很喜爱如此方便的购物形式，大家兴高采烈，疯狂购物，大包小包运回家中。吴正波设想的"把万佳带回家"的愿景变成了现实。

商场开业当天，营业额达到创纪录的 24 万元。让吴正波和同事们开心得不得了。但有人心里嘀咕：这是不是因为第一天开业大家来捧场的结果？往后营业状况进入常态，就不可能这么热闹了。谁也没有想到，营业额像热天的温度表一样，水银柱指标不断上升，没有跌的时候。营业额从 30 万元涨到 40 万元、50 万元；营业第 20 天，营业额突破 100 万元；营业两个月，营业额更是创出了 240 万元 / 天的惊人纪录。当年春节，商场爆棚。因为来的顾客太多，不得不采取限制顾客的措施，每隔 10 分钟放一批顾客进去。员工们看到自己不断创出的新纪录，感觉非常棒，很多人激动地流下了眼泪。开业当年，商场营业额达 7700 万元。1996 年销售额最高的一天，创下了 300 多万元的深圳零售业纪录。2000 年万佳百货已经名列全国连锁业百强第 13 名。2001 年实现销售额达 20 亿元，业绩为广东省同行业中第一位。

吴正波成功了。他在华强北开办万佳百货，创造了中国零售业的几个第一：第一个创立平价广场的商业模式；第一个开办自助式综合大卖场，全面实现开架售货；为解决自助式超市商品丢失问题，第一个从美国专业公司引进防盗装置；第一个在全商场使用储值卡（当时的名称是家庭理财卡）。万佳百货提出了一种"业态创新、平价路线"的经营方针，取得了极大成功。由此开创了中国自助超市平价广场的零售模式。业内将这种"大型综合性超市"称为"万佳模式"。

万佳百货入驻，在华强北起到了无可替代的"锚店"（即核心店）作用。在万佳百货的带动下，激活了华强北的商业价值，这条路开始快速地"由工转商"，由工业园区变为繁华的现代商业街区。万佳百货为华强北的商业崛起、为深圳新商业中心的确立奠定了坚实的基础，一个店带旺了一条街，一条街推动了一座城的发展。

2001 年，万科将其所持万佳百货 72% 的股份转让给香港华润集团公司。2002 年 2 月，华润集团全面收购万佳百货。2003 年 10 月，公司正式更名为"华润万家有限公司"。2008 年 6 月，万佳百货完成改造，升级为华润万家。2009 年，华润万家全国销售额达到了 680 亿元，位列全国超市企业榜首。

铜锣湾广场首办 Shopping Mall

陈智是最早进入华强北投资的老板之一。2003 年，陈智与吴正波共同租下华联发大楼，一楼的后半部分开办万佳百货平价广场，一楼的前半部分与二楼开办国际电器城。国际电器城同年 8 月 8 日正式开业。

1996 年，陈智到美国考察，看到了被美国人称为"Shopping Mall"的业态。他在纽约、华盛顿、旧金山、洛杉矶等城市一连考察了好多个 Shopping Mall 后，决定在深圳做中国的 Shopping Mall。

他选择了京华电子厂的几栋厂房，开设了中国第一个 Shopping Mall。陈智也因此有了"中国 Shopping Mall 之父"的称号。1999 年 12 月 30 日，中国第一家 Shopping Mall 在铜锣湾广场正式开业。公司 Logo 是"CMALL"，为"China Mall"的缩写，意思是"中国的第一个 Mall"。

铜锣湾摩尔（Mall）开业第一天，潮水般的顾客群，汹涌澎湃涌进商城，挤得水泄不通。深圳的顾客们从来没有见到过这么大、这么新颖的商场，商品数量之多超出人们的想象。最让人感到与一般商场不同的是，铜锣湾特别注意留够公共空间，让顾客们有一个舒适的购物环境。购物区里包括百货、超市、名店坊、音像城、家电区、餐厅、咖啡厅、画廊、空中舞台、瀑布水景、多功能中庭舞台等；休闲区里有运动营、篮球、会所等；表演区里每天安排有不同时间、不同内容的表演秀。顾客们惊喜地发现，这是集购

华强北铜锣湾广场开业
图片来源：吴赛锋主编《华强北 40 年影像记忆》

物、展示、休闲、娱乐，餐饮、聚会、文化于一体的
一种全新的商业概念，在这里购物有一种与其他商
场完全不同的体验。摩尔就好像是一个漂亮可爱的孩
子，刚一亮相就得到所有客人的欢喜和称赞。年轻的
顾客们尤其喜欢它。

摩尔业态首创并亮相之后，全国各地的零售业和
地产业都来深圳铜锣湾广场取经、学习，也有不少其
他城市的政府人员主动前来交流、观摩。自此以后，
陈智又开始了将摩尔理念和业态传播到全国的行动，
通过宣传、采访和无数次的演讲、交流，铜锣湾广场
的摩尔理念和业态慢慢地启发了全国。从 2002 年起，
全国掀起了摩尔热潮。这股热潮又进一步在中国催生
了一个"商业地产"的概念，最终 Shopping Mall 和
商业地产融汇成了一个新行业。大家认可陈智"摩尔
之父"的地位；"铜锣湾摩尔"和"商业地产"的概
念对中国的商业模式产生了巨大影响。

从火爆的营业现场和流水一样的营业额收入，可
以看出顾客对铜锣湾广场的热情支持。开业两年后，
铜锣湾的年销售额达到 10 亿元。2003 年，铜锣湾被
评为"2003 年度全国百货行业优秀企业"，当年广东
省只有两家商场取得该殊荣。2006 年，在由国家商务

部、中国商业联合会等单位组织开展的"20年20大商业人"评选活动中，陈智被评为"1985—2005推动中国商业进程的二十人"。2009年，陈智被评为"改革开放30年中国商业服务业杰出贡献人物"。

后来铜锣湾广场由于扩张过快，资金链濒临断裂，被迫出让。摩尔商场改成了IT电器城。虽然铜锣湾广场经营失败、不复存在，但它是中国Shopping Mall的开山之作，对华强北商业街的繁荣发挥了重要作用。

万商聚集聚超一流人气

在万佳百货的带领下，商家们看到了华强北街有转变为商业街的可能性，于是一些具有冒险精神和创新意识的商家开始进军华强北。这里重点讲一下孙力创办"女人世界购物广场"的故事。

1995年11月18日，女人世界正式开业。以女人为对象是商业的创新，是从深圳实际出发的金点子。早期的深圳，由于电子、纺织方面的企业多，因此打工的女性特别多，据说女工数量是男工的好几倍。女人多，女性喜欢穿衣打扮，商场的顾客群定位为"女人"肯定没错。在这一点上孙力的想法与犹太人相同。犹太人做生意有一条法则："嘴巴"和"女人"的钱最容易赚，是世界上永恒、保险的生意。嘴巴是产生利润的宝葫芦。人人都有一张嘴巴，嘴巴每天至少要吃三顿饭，这样的生意当然长久。女人是保管钱包的总管。几乎从人类社会一诞生，男女之间就有了明确的分工：男人生产，女人持家；男人赚钱，女人花钱。这句话引申下去就有了这样一句名言：男人靠征服世界而征服女人，女人靠征服男人来管理世界。具体在服装问题上，男女之间消费的不同特点更加明显：简单的男人一年有一两套衣服就可以了，而最节俭的女人没有十套八套衣服是没有办法出门的。更不用说女人的衣服还要加上一些配饰：别针、腰带、手包、皮鞋、金银饰品、珠宝翡翠等。看看，能做多么大的生意？从商场开业后一直生意兴隆的盛况看，女人世界这个名字绝对是起对了。

女人世界是最早开创出"店中店"模式的女性主题商场之一。这种模式的最大好处是，让商户资金周转和商品更新速度更快，保证最新的商品最先出现在女人世界，让喜欢逛街的女顾客每次来时都有惊喜。一些商业机构调查的数据说明，在深圳以女人商品为主的商场里，女人世界的顾客忠诚度、回头率最高。

后来孙力在女人世界的旁边又租下一栋楼房，创办了一个名叫 NICO 女人世界名店，汇集中外时尚品牌，展示服饰潮流尖端精品，成为经营中高档女性商品的主题商场，满足了一些高端商户的需求。

孙力非常重视对女人世界品牌的宣传，有计划地花费巨额资金在各种媒体上投放广告；每周在女人世界门前的广场上，举办时装发布会，开展各种时装秀活动。经过坚持不懈的努力，很快让女人世界成为家喻户晓的品牌。品牌出名之后，孙力开始在各地工商部门申请注册"女人世界"商标。但是，在国家工商总局申请注册时遇到了挫折。有工作人员认为，"女人世界"是一个"通用词汇"，不能注册商标，多次驳回申请。但是，孙力不为所动，继续每年申报，申诉注册理由。经过 8 年的不懈努力，2003 年国家工商总局终于批准了"女人世界"的商标注册。注册成功，在法律的高度使这一品牌得到了保护，为"女人世界"向全国发展提供了条件。2009 年 10 月"女人世界"被授予中华人民共和国成立 60 年来"'影响中国'的深圳十大品牌专业市场"称号；2011 年被授予"华强北 30 年风云企业最具活力女人世界"称号。

对女人世界在华强北发展过程中所起的作用，有人评价说："如果说赛格在电子配套市场商业模式上起到了龙头作用，万佳百货引来了大量顾客群，那么女人世界则把顾客人流留在了华强北。三个专业市场对华强北初期发展，都起到了关键的带动作用。"

在孙力的记忆中，最早在华强北街上开店的商家，除了天虹商场、赛格电子配套市场、万佳百货外，可能就要算女人世界了。从 1995 年到 1998 年几年间出现的商城，有顺电、曼哈、茂业、大百汇商城等（大百汇商城是临时建筑，几年后拆除，在原地上建起了华强广场）；再往后，出现了铜锣湾百货、紫禁城等；2000 年以后又出现了宏大数码城、华强电子世界、新大好时装城、新亚洲电子城等；再往后面，永乐电器、国美电器等大鳄也挤进来了。

华强北完成了自己的华丽转身，从一条专业电子街变成了繁荣商业街。

与狼共舞敢竞争

华强北街是一块创业的热土，或者说整个深圳都是创业的热土。在华强北创业，首先是积累财富，这里是企业家的摇篮、财富的倍增器；其次是学习经营知识、积累经验的战场，是培养企业家、商人的大学堂。更重要的是，华强北是新商业模式的试验场、创新地。这是最值得评说的地方。

万佳百货摸索出了仓储式超市的方式，铜锣湾广场借鉴了美国 Shopping Mall 的模式，女人世界试验了服装专业市场的形式，等等。许多年之后的今天，我们回过头来再看这些创新和探索，对发展中国商业的新业态具有十分重要的意义。可以说这是一个打破一切思想束缚、框框的时刻，是大胆想象创新的时代，是百花齐放的景象。就是在这种自由宽松的环境里，深圳创造出了许多中国第一。

重点分析一下万佳百货的意义。这是一个引狼入室、与狼共舞，在竞争中提高自己能力的典型事例。

在改革开放初期，对于同不同意国际商业大鳄进入中国，有关部门有点儿谨慎。有人怕国际大鳄一进中国会带来严重冲击。但是毕竟中国政府已经承诺要逐步开放市场，于是在 20 世纪 90 年代初期，深圳开始传言政府将批准一批国际超市品牌公司进入。这个消息在深圳百货零售业引起了恐慌。有人预言"几年后外资零售业大鳄将扫平深圳"。很多人真的很害怕这些巨无霸进来后，横扫千军，将中国的百货零售业打入地狱。

由于万佳百货的开业，人们多少了解到了国外超市零售业的一些经营方式。因此，当1995年家乐福进入深圳，更晚一些时间沃尔玛在深圳开店时，都没有对深圳的百货零售业造成重大冲击。甚至情况相反，人们看到先后在深圳创出自己品牌的万佳百货、天虹商场、岁宝百货等，不但没有因为洋品牌的进入而陷入困境，反而是势均力敌，有的一搏，甚至表现得更出色一些，这才慢慢地安下心来。大家看到，人们喊了多少年"狼来了"，自己吓唬自己；而当狼真正进来时，这才发现我们的"国产羊"也能够与狼共舞，甚至表现得比狼还厉害，这大大地鼓舞了国内百货零售业的信心。我们可以将万佳百货与沃尔玛做一个比较。同样是2万平方米的商场，沃尔玛销售的商品品种大约是2万种，万佳百货可以做到8万种；在商品价格定位上，万佳百货的商品价格覆盖了从几分钱的针线到8万多元的高档彩电，这方面超过了沃尔玛。沃尔玛的一位高管说："万佳是我最尊敬的中国竞争对手。"

当然也应该看到，像沃尔玛、家乐福这样的洋品牌，也确实带来了一些零售业的新经营理念和模式。国内同行以这些洋品牌为榜样，虚心学习先进经验，很快掌握了经营诀窍，使深圳零售业出现了一个土洋并存、亦洋亦土、共同发展的良性局面。最后的结果，使深圳在不长的时间里，培育成长出了一些实力雄厚的百货零售企业。在全国百货零售百强排名中，深圳有超过20家企业榜上有名。在这一过程中，更能看清万佳百货这个领头羊所发挥的重要作用。

姜戎在《狼图腾》里讲关于狼的精彩故事。古时候，长城外靠游牧业为生的民族是狼，长城内从事农业耕种的民族是羊。通过一次次的战争，城外的狼让城内的羊变得坚强。近代以来，西方列强是狼，而中华民族是羊。不管西方通过战争还是和平方式进入中国，都把新的狼性带给了中国。摆在中国人面前的是三条路：或者作为羊被狼吃掉；或者自己也变成狼，以暴制暴；或者还有一种可能，通过杂交而成为新物种。生物学上的实践一再证明，杂交物种会成为具有双重遗传基因的新物种，这种新物种往往更大、更强、更有优势。文化交流中也有这种杂交优势的现象。如果能做到这一点倒是一件可喜的事情。万佳百货的创业过程，说明完全有这种可能性。

第六章　创业的热土

人们说，深圳是一块创业的热土。华强北更是一块民营企业家们创业、成功的福地。华强北街并不长，但是这条街让多少打工者变成了民营企业家，让多少有理想抱负的热血青年实现了创业的梦想，让多少赤手空拳创业的小作坊迅速成长为大型企业。

具体讲几个故事。

王老豹办网站

1991年，19岁的王老豹从汕头农村来到了华强北，身上只带有5000元。他花3000元在赛格电子市场承包了一个柜台，开始做生意。他经营集成电路芯片。这是他在老家汕头市潮南区陈店镇时就做的生意。王老豹小时候上学不多，15岁开始做生意，做的就是电子集成电路芯片和元器件生意。

王老豹与马化腾是汕头老乡，他们都属于潮汕商人帮。有人说，华强北街里一半多生意人都是潮汕人。人们公认潮汕人是东方的犹太人。他们头脑精明，胆量够大，吃得了任何苦，是中国最会做生意的人群。自古以来，潮汕人的血液里流淌着善做生意的基因，王老豹自然也会有这样的基因。

按照潮汕人做生意的规矩，懂哪行做哪行。做生意要一心一意，两腿勤快，眼观六路，耳听八方。一心一意才能干一行爱一行、干一行专一行。就算是读书少、文化低，只要一心一意，善于钻研，照样可以成为行家里手，王老豹就是一个例子。

尽管只有几千元起步，但是他凭着勤劳肯干、吃苦耐劳、头脑灵活、诚信经营，很快在赛格电子市场扎稳了脚跟。在赛格市场积累了第一桶金后，他又先后在华强电子市场、宝华电子市场开专柜。慢慢地，专柜变成了铺面，铺面变成了商场。几年后，他在新开张的新亚洲商城租下了几千平方米的营业场地和办公场所，开始大规模地做生意。王老豹成了华强北业内无人不知的企业家。1998年，他成立了英特翎公司，开始打造自己的品牌。2010年，他又将目光投向了互联网，投资注册了"华强北在线"有限公司，打算在网络上再建一个电子华强北。这样，就会出现两个华强北，一个是真实的、有物理空间的华强北；另一个是电子信号的、虚拟的华强北。按照王老豹的想法，以后商人们可以来到华强北现场做生意；也可以人不到华强北，在世界各地通过华强北在线的网络完成交易。这样，华强北的生意额会成倍增加，最大限度地发掘华强北的商业潜力。

民营企业家圆梦华强北

薛贞祥和黄冬莲，一个是安徽小伙子，一个是重庆辣妹子。两人于 1992 年先后来到深圳打工，相识、相爱，最后结为夫妻。新婚夫妻决定一起在华强北租柜台经营、创业，成为企业家。

1996 年初，两人在深南中路的统建楼电子大厦里的电子中心租下一个 1.2 米的小柜台，在这里租柜台是因为价格便宜。两人都是新手，没有经验。开始生意比较差，最初几个月几乎每月都亏损，连 600 元 / 月的房租都付不起了。但他们决心坚持下去。终于遇到了一个外地的大客户在寻找一种电子导线，技术要求很高，全部需要手工制作，正因为如此，经营利润比较可观。接下这单生意后，小薛和阿莲两人十分珍惜这个机会，白天站柜台，晚上回去加班做导线。不管多累，干到多晚，哪怕一夜不睡觉，也要完成加工任务，保质保量按时交货。他们认真做事、讲究信誉，赢得了这个客户的长期订单。生意终于起步了。

做生意，地利第一重要。他们发现赛格电子市场生意更好，虽然价格高，但机会更多，他们决定转场到赛格。虽然只租到了半个柜台，但生意却越做越大。然而好景不长，赛格电子大厦要拆掉重建。夫妇两人急得团团转，不知怎么办好。好在马路对面的华强电子大楼要改造成为新的电子配套市场，招商工作即将开始。

一打听，申请一个新柜台太难了。失去赛格电子市场的经营者们，谁不想在华强电子市场拿到一个新柜台，让生意接着往下做？僧多粥少，自然出现了一柜难求、爆炒柜台的局面。一个柜台的"转让喝茶费"暴涨到了几万元，甚至几十万元。其火热程度，一点儿不亚于 20 世纪 90 年代初深圳人抢购股票的疯狂劲儿。

这种情况下，申请新柜台看来没有什么希望。但是阿莲不死心，在华强电子市场招商部发登记表当天，她早早到现场排队。只见领表的窗口前已经排起了长队，人群里三层外三层挤得水泄不通。排队基本没有什么意义了。阿莲挤到窗户前想办法，透过玻璃窗她看到办公室里的几个忙碌的工作人员，没有一个是认识的。她注意到桌面放着一张名片，于是透过玻璃窗迅速记下电话号码后离开了现场。一直等到下班，才拨通了对方电话，希望能约见对方。在路边等，她不知道这位工作人员到底会不会来。没有别的办法，只好硬着头皮等，希望上天保佑有好运气。等了一个小时，终于见到了这位工作人员。那人问的第一个问题是："你是怎么知道我的名字和电话号码的？"阿莲老实做了回答。他听完后笑了，又问她有什么事要反映。他的微笑让阿莲有了信心。她用最简单的语言诉说了自己创业的艰难，希望能够在华强电子市场上租到一个柜台。那人听后，没有正面答复，只说需要研究一下他们的情况，行不行不好说，让她过几天查询公布的名单。几天后，小薛和阿莲去华强公司公布的名单上查询，看到自己的名字赫然写在上面。两人比中了大奖还高兴，念叨说遇到贵人了！

华强电子市场是他们的福地。这里的生意越做越好，客户越来越多，通过两年的积累，经济上有了一定实力。他们考虑开设工厂，做自己的品牌。1998

年，他们租下了福田金地工业区的厂房，注册了"联嘉祥"商标。公司成立后从熟悉的电线产品做起，开始只能生产单芯线、电话线等工艺相对简单的小线。他们踏实肯干，慢慢发展，一步一个脚印，后来产品规格增加到上千种。两人总结生意能够取得成功的经验时，体会最深的一点是：诚信＋用心＋吃苦耐劳＝成功。他们将创业的经验提炼为"我们一直用心在做"的企业文化理念。

如今的联嘉祥公司已发展成为国家级高新技术企业。公司总部在深圳，在深圳观澜和安徽芜湖建立了配套生产基地，在全国许多大城市建立了全资子公司和区域销售中心，专注于工业4.0智能装备线缆、新能源专用线缆、信息通信线缆的研发、生产和销售。黄冬莲被评为"2011年安防界十大风云人物""改革

联嘉祥生产园区

开放 30 年，影响中国安防 30 人"。联嘉祥公司连续 5 年跻身"中国安防最具影响力十大品牌"。

厂长站柜台创业

刘海凌是广西壮族自治区鹿寨县寨沙镇人，出生于 1961 年。他毕业于北京航空航天大学的飞机设计系，毕业后被分配到贵州安顺的一个国家飞机制造公司——011 基地，工作十几年后被提拔为一个分厂厂长。

2000 年年底刘海凌有了一个到深圳出差的机会，踏上这块热土就被这座城市深深地吸引了。这一天他来到华强北街，只见路上车水马龙，行人摩肩接踵，商场里顾客如潮水涨落，繁忙的景象让他目瞪口呆。人们告诉他，华强北是商业旺地，是创业热土，是财富的倍增器，是人生命运变化的万花筒。一个念头突然出现在刘海凌脑海里：年轻人就应该到这个舞台上来表演。是骡子是马拉出来遛遛；是龙是虫比一比就知道。我应该属于深圳！

回去向厂里提交辞职报告后，他如愿以偿来到深圳。一开始打了几份工，总找不到感觉，与实现创业理想距离甚远。于是打算到华强北站柜台创业。他摸摸自己荷包里仅有的 4 万元钱，决心不问胜败，背水一战。2003 年下半年，他在华强北经济大厦的一个角落里租下了一个 9 平方米的小仓库，支起一张桌子，买了一台电脑，注册了一家贸易公司。只有一人的公司自己也算是个老板，感觉好极了。

刘海凌从最简单、用资金最少的电子芯片开始做起。挑选合适的芯片卖给需要的工厂，给工厂做配套服务。他很快发现做这种生意有问题。在这一行，供应商求着工厂，工厂是大爷，搞配套的供应商像孙子。供应商要先给工厂供货，30—60 天后工厂才对供应商结算、付款。实际上也就是由供货商向工厂提供一两个月的流动资金。做这种生意，刘海凌不仅垫不起这么多钱，而且也忍受不了像孙子求大爷似的窝囊气。

怎么办呢？刘海凌仔细分析自己的优劣势。优势有几条：首先懂技术；其次外语是长项，以前在贵州工作时，曾出差在巴基斯坦待过一年多时间，攻克了英语；再次，长相憨厚，为人踏实，与人打交道时给人的印象是"靠得住"。劣势：缺乏做生意的本钱。

有没有不需要自己垫钱的生意呢？刘海凌找到了：当"买办"。这个词并不是指旧中国那种名声不好的大买办资本家，而是指这个词本来的意思：为国外的客商做代理，帮他采购东西。刘海凌没事时就去华强北的市场上溜达，经常看到这种情况：那些白皮肤、黑皮肤，蓝眼睛、灰眼睛的外国人，在各个柜台上寻找需要的电子元器件，但说话时叽里咕噜沟通不了。这时候刘海凌就会主动上前，热情地跟人家搭讪说："Could I help you？Do you look for something？I'd like to be the translator for you …"（"有什么事需要帮助吗？你要找什么东西吗？我可以给你当翻译……"）

在这种情况下，好像迷途时找到了导游，老外们当然巴不得请刘海凌帮他搞掂生意。这一天刘海凌在华强北遇到了一个矮个头、精干瘦、黑肤色、50 来岁的外国人，看样子他来自中东地区。一问，果然来自叙利亚，名叫阿德迈尔。看到刘海凌自我推荐，对方高兴地让他陪着购货。很快两人就熟悉了。阿德迈尔在叙利亚有一家提供维修各式各样电器产品服务的连锁维修店，生意做得比较大。店里需要各种零配件，国内采购不到时，他就要到华强北采购。按照阿德迈尔的评价："华强北简直是个神奇的阿拉丁神灯，要啥有啥。"这几年他经常来华强北采购。虽然他可以用简单的汉语与售货人砍价，但是一谈到技术问题就没办法谈了，经常会出现买错货，或者放弃一单生意的情况。

真可以说是在恰当的时间、恰当的地点，遇到了恰当的人。刘海凌懂技术，有他当翻译，买卖双方所有的难点问题，他都交谈得清清楚楚。阿德迈尔高兴得不得了，拉着他不放手。后来的一周时间里，两人一起逛电子市场，疯狂大采购。几天里，阿德迈尔管吃饭、管交通费，采购任务完成后还付了刘海凌2000元酬劳。

阿德迈尔与刘海凌建立起了完全的信任关系。分别时，阿德迈尔提出了一个继续合作的方式，他对刘海凌说："我回国后，需要什么零配件就给你发传真，请你帮我找。找到后，你将实价报给我。如果成交了，我按照价格付给你10%的佣金。你看这样 OK 吗？"海凌认为条件比较公平，就答应了："OK, do it!"（成交！）

从此，刘海凌就当上了阿德迈尔的"买办"，尽心尽力地为他采购了无数的设备和元器件。刘海凌感觉找到了一条适合自己的经营路子，一下子打开了局面。后来，他又按照这种方式发展了好几个客户。由于刘海凌通晓市场，熟悉产品，服务周到，因此业务多起来了。三四年后自己一个人忙不过来了，就雇了一人做助理。后来他又请了一个工程师，负责解决技术问题。因为随着客户越来越多，业务越来越复杂，许多技术问题连他也有些弄不明白了。毕竟他学的是飞机设计制造专业而不是电子专业。俗话说，隔行如隔山，电子方面的东西他懂的没有那么多。他觉察到客户的要求在慢慢地发生变化，原来只是要求采购一些现成的元器件，这个好办，但是，后来有客户开始提供图纸或者样品，要求刘海凌设法解决。

这样，刘海凌面前就出现了两条道路：一是不接这种复杂的业务，仍然维持原来简单的采购业务；二是接下这些新业务，如果买不到现成的产品就自己组织加工生产。刘海凌决定迎接新业务的挑战。

在刘海凌"买办"业务的客户中，有一位名叫考特迈的德国商人。考特迈先生在德国有一个工厂，也有自己的研发团队和销售渠道，生产经营状况很不错。但是，随着德国劳动力成本的迅速增高，他开始难以维持工厂正常经营。于是，他考虑将生产这一块外包出去。他想到了刘海凌。2008年，他正式向刘海凌提出，能不能负责制造这一块业务？刘海凌经过慎重考虑决定接下这个业务。毕竟他学的就是制造专业，而且自己当过厂长，有组织生产的经验。就这样，刘海凌再次当上了厂长，但不同的是这次刘海凌自己给自己当老板。

后来，刘海凌在香港参加一个电子展时，遇到一位来自葡萄牙的企业家，名叫保罗，欧洲人，大高个，白皮肤，褐色的眼睛，卷卷的黑头发。保罗后来成为刘海凌最大的客户。在合作过程中，保罗先生对刘海凌工厂的制造能力和产品质量都比较满意。2011年的一天，他对刘海凌说："你既然可以代理制造，那你可不可以代理设计呢？"刘海凌仔细考虑了一下："这个有什么不可以？能代理制造就应该能代理设计，只不过我现有的团队以工程师为多，我需要找设计人员组成一个设计团队。"就这样，刘海凌的公司走上了转型之路。

保罗先生提出了一个构想：现在的家用电器产品越来越多，每个家庭的用电量大增。消费者关心用电量，因为这关系到钱包，更关心用电安全，因为关系到性命。你们能不能设计出一个产品，满足客户的这些要求？

刘海凌立即组织设计人员进行设计，这可是对公司能力的一次重要考验。经过费尽心思、绞尽脑汁的数个不眠之夜，最终设计出了一个产品，刘海凌叫它智能用电管理系统。这个产品看起来像一个插座，实际上也确实是一个能满足不同电压、电流要求的转换插座，同时具有计量电流和遥控的功能。这种插座太方便了。当你出门后，不管人在何处，只要能上网，就可以通过手机或电脑，查到自己家里用电的情况并进行控制，可以远程将家里的总开关关闭。2012 年，该产品通过各种验证并正式投产。该产品投放市场后，颇受欢迎，已经销售到很多个国家和地区。别看这个产品个头不大，可是里头有 5 个软件注册权、2 个实用新型专利和 10 个外观专利。这个产品已经成为公司的拳头产品，标志着公司转型取得初步成果。公司的技术研发能力不断提高，拥有自有知识产权的产品越来越多。

随着自有知识产权产品越来越多，刘海凌的品牌意识开始增强。2012 年，公司设计并注册了新商标，有了自己的 Logo。新商标叫"南源"，"南"是地处中国南方；"源"的意思有 2 个：能量之源、生命之源。公司的 Logo 图形，上面是太阳，代表能源的源头；下面是水，代表生命的源泉。图形里还有一个很生僻的英文单词 Newyah。我问是什么意思？刘海凌解释说："这是我们新造的一个词，New 是新的意思，公司的生命在于不断创新、更新；yah 是 yeah 的变形。yeah 是 yes 的意思，是表达我们要把事情做对、做正确。'不断创新'和'做对事情'就是公司理念和企业文化。为此，公司提出'科技构造绿色家园'的口号。"

刘海凌的公司发展超过 10 年，从 4 万元开始创业，慢慢积累，没有引入外界的资金，也没有向银行贷过款，现在公司注册资金 1000 万元，资产已经有数千万元。这样的发展速度不算快，但是十分稳健。刘海凌是从农村出来的孩子，他主张一步一个脚印，积小胜为大胜。

华强北街上的创业者不可胜数，成功者成千上万。我在这里只写了几位曾经采访过的企业家的创业故事。浪花虽然不大，但底下涌动着激流大潮；水珠虽然很小，却能够折射出太阳的光辉。

第七章　马化腾创办腾讯

小展馆内容多

谈到中国的网络公司，有一个 BAT 的说法，说的是中国最大的三家互联网公司。B 是百度（Baidu），A 是阿里巴巴（Alibaba），T 是腾讯（Tencent）。腾讯最早是在深圳华强北创立的。

马化腾于 1998 年开始创业，时年 27 岁。1984 年邓小平视察深圳，这座城市开始为世人瞩目。这一年马化腾随父母从海南迁至深圳。1993 年马化腾毕业于深圳大学计算机系。

马化腾最早创业的地点是在华强北赛格科技园一栋大楼的一个单元房里。后来由于腾讯迅速成长，其日益庞大的身躯难以被华强北容纳，只好外迁寻找更大的空间以求发展。

腾讯最初创业的房间一直留着，2018 年重新装修成一间微型的展览馆。这是一个极为普通的写字楼房间，约 200 平方米的面积被分成三部分。进门是一个有背景板的前台，这种装饰风格在深圳初创企业中很常见。当年应该有一位女孩子坐在前台当秘书，负责接听电话、接待客人。中间是一个大厅，当年这里应该摆满了办公桌，股东、员工们都坐在这里上班。如今房间空空荡荡，墙壁上挂着服务器、传真机等一些创业时期的实物；墙面的展板上绘制有各种图标和文字说明，讲述着腾讯成长的故事；墙面上还张贴一些反映腾讯创业初期情况的图片和新闻报道，使房间显得生动活泼。最里面是一间较小的办公室。房间里右侧是马化腾的办公区，摆着一张写字台，台面有一台老式的台式电脑、两部电话和各种办公用具。墙面挂着一幅短条幅，上面写着"信念"两个字，这是马化腾当年创业的精神支柱。房间左侧有两张卡式桌子，这里应该是财务区。对白手起家的创业者来说，每个角落都要充分利用。办公室里还有一台电风扇，估计当时为了省电而没有安装空调。

令我印象最深刻的是在前台背景板上，写着 Pony（马化腾的 QQ 名）的一段语录："腾讯能走到今天这么远，有很多原因。如果说有什么必不可少的，我觉得，创业阶段的团队、文化，特别是'一切以用户价值为依归'的理念，起到了决定性的作用。这里是腾讯最初创立时的办公室，是腾讯的起点。""一切以用户价值为依归"是腾讯的核心理念，这句话可以与华为的"以客户为中心"的核心理念相对照。在市场经济中成长的公司，其生存的价值就在于一切为了顾客。只有能够为客户着想、能够满足顾客需要的企业，才能够在市场经济的海洋里获得强大的生命力。一切为顾客、以客户为中心，话说起来简单，但要做到却不容易。华为、腾讯应该是深得其中精髓的企业。

面积不算大的展览馆里内容挺丰富，一间再普通不过的房子里掀起了中国互联网发展的朵朵浪花。房间就像一台留声机，我耳边似乎听到了年轻创业者们的欢声笑语；房间又像录像机，当年创业者们夜以继日艰辛工作的场景仿佛出现在我眼前。这一切感觉十分遥远，又感觉极近。如今华强北不知新盖起了多少高楼大厦，日夜灯火通明的高楼里有无数的年轻创客们仍然在奋斗。在我的记忆中，华强北街上熙熙攘攘的热闹景象始终没有变化，年轻人创业致富的激情从来没有减弱。可能会有人叹息错过了当年 IT 行业兴起时极佳的创业时机，其实对创业者来说，什么时候开始创业都不算晚。虽然每天都有大批的创业者失败，但是创业者总是不畏失败、前仆后继、取得成功，不断走出新的腾讯和华为。

艰难的创业路

腾讯成立于 1998 年。在展览馆的解说词里有这样一段话："1998 年 11 月 11 日，5 个青葱小伙——马化腾、张志东、徐晨晔、陈一丹、曾李青共同创立腾讯，主营无线电网络寻呼等软件开发业务。"展览馆门口的一个易拉宝上，印着当年 QQ 最早出现在电脑屏幕上的窗口，上面有 5 个人的英文名，分别是 Pony、Tony、Kenny、Charles、Daniel。它们就是 5 位创业者的 QQ 名。其中编号为 10001 的 Pony 是马化腾的 QQ 号。这段幽默的文字里提到了 11 月 11 日是"光棍节"。5 个愣头青年在光棍节创业，是不是按捺不住他们渴望创造出一种新生活方式的呐喊？是不是有意暴露他们作为"理工男"将驰骋天下的野心？

不能不羡慕马化腾和他的同学们出道时遇到的良好时机，"天、地、人"三要素一个不缺。论天时，中国实行改革开放，能够在互联网技术与世界同步发展。在展览馆的解说词里说："这一年是全球互联网的大年。谷歌、新浪、搜狐等公司纷纷成立，与腾讯一起掀起了第一波互联网浪潮。"论地利，马化腾求学于深圳大学。深圳大学是中国最年轻，然而又是办学思想最开放的大学之一。深圳大学培养出了一大批头脑灵活、对市场敏感、动手能力强的创业者，培养出了像马化腾、史玉柱这样的科技创业达人。他们又在一块肥沃的热土上创业——深圳诞生了华为、中兴通讯、华大基因、大疆等一大批世界著名企业。论人和，最初创业的"五虎上将"既是同学又是好友，兄弟同心，其利断金。腾讯于是扬起风帆驶出港湾出海了。

腾讯推出的产品是即时通信软件。即时通信（instant message，IM）是指能够即时发送和接收互联网消息等的业务。这种技术最早可以追溯到1996年。1996年以色列4位聪明的青年研制出了最早的即时聊天工具，起名为ICQ，意思是I seek you（我寻找你）。1998年当ICQ注册用户数达到1200万人时，被AOL看中，以2.87亿美元的天价买走。AOL就是大名鼎鼎的美国在线（American Online），是一家互联网服务提供商。当时ICQ是世界上最大的即时通信系统，有1亿多用户。

　　对新技术极其敏感的马化腾受到启发，很快研发出了自己的即时通信软件。腾讯的 OICQ 做起来后，异常火爆，引起了 AOL 公司的警惕，他们起诉了腾讯。腾讯败诉，被禁止使用 OICQ 的名称，把域名还给了 AOL 公司，还赔偿了一些钱。马化腾并不气馁，他在技术上做了一些改进，名字改为 QQ。QQ 更简单、更好记，技术更成熟，因此传播得更迅速。

　　创业的路从来不平坦，更何况要向一个未知的高峰攀登。QQ 在发展过程中遇到了非常多的困难和挫折。

　　首先要解决设备问题。即时通信需要功能强大的服务器。当时价格最便宜的服务器对他们来说还是太贵。负责这项工作的徐钢武决定自己动手组装一台服务器。由于 QQ 用户的数量以万计地疯狂增长，这个服务器经受了严峻考验。掉线、死机是不可避免的问题。为了及时排除故障，避免用户抱怨，徐钢武在离服务器 400 米的地方租了一个简陋的房间来居住。服务器一旦出现问题，10 分钟内他一定要赶到现场将之维修好。这个房间一共租住了 6 年。

　　其次是资金问题。QQ 的注册用户数疯长，服务成本直线上升，资金随时可能断流，资金压力压得几位股东喘不过气来。最困难时马化腾想卖掉 QQ，他心中的底价是 100 万人民币，但是一连谈了 4 家都没有推销成功。没人愿意要，只好留着自己用。幸亏没有人买，否则哪里有今日的马化腾和腾讯？多次向银行求救未果后，曾李青起草了一份商业书，寻求融资机会。好不容易找到了愿意投资的老板，然而条件比较苛刻。这时候，大家已经感觉到了全球金融风暴向中国袭来的危险。这一天，5 名创始人围着一台传真机，看着对方将修订之后的协议书一页一页地传过来。大家心里犹犹豫豫不知怎么办才好。曾李青说："就这么签了吧，再迟就来不及了。"于是 5 人默默签字，然后将协议书传回给对方。在最困难的关口，资金问题得到了缓解。

再次市场推销也很关键。对新技术产品，用户总是有试用的认识过程；因此新产品的市场推广是一项艰巨任务。幸运的是，马化腾在深圳创业，这块热土十分有利于新技术公司的成长与发展。1999 年，中国首届高新技术成果交易会（简称"高交会"）在深圳举行。马化腾带着自己的心肝宝贝 QQ 参加展会。

这几个创始人认为有必要为 QQ 设计一个招人喜欢的动物形象，他们选择了憨态可掬的企鹅。为了让 QQ 一亮相就能吸引众人眼球，陈一丹委托专业人士烧制了一千个企鹅陶瓷储钱罐。制作人感觉腾讯提供的企鹅设计样子太瘦，怕烧制出来的瘦企鹅站立不稳，就擅做主张把瘦企鹅改成了胖企鹅，还给企鹅的脖子上加了一条红围巾。于是成品的企鹅就成了一只眼圆睁一只眼眨巴，撅着个黄嘴，一副心宽体胖、满不在乎的模样。没想到胖胖的企鹅大受顾客欢迎，一千个企鹅储蓄罐很快就被一抢而空。于是这个围着红围巾的胖企鹅就成了QQ正式的产品形象。这是一个真正的吉祥物，给QQ带来好运气。

在展会上，马化腾遇到了慧眼识宝人，美国国际数据集团（IDG）投入110万美元。后来他们又遇到了第二位识宝人——李嘉诚的二儿子李泽楷，盈科数码公司投入400万美元。有了充足研发资金的腾讯，如插上了双翅的骏马，跑着跑着就起飞了。

用户们很快就体验到了用QQ聊天的方便，体会到了用虚拟货币"Q币"购物的乐趣。QQ成为中国人日常生活离不开的网络工具，小企鹅成了大家喜欢的吉祥物。

2001年，全球互联网遭遇隆冬。除了抢先上市的中国三大门户网站，依靠充裕的资本输血躲过了劫难，多数创业公司群体性覆灭。有人调侃说，退潮后才知道谁在裸泳。而腾讯这一年的注册用户达到5000万。基于QQ的广告日曝光超过10亿次，广告收入越来越好。腾讯良好的盈利模式帮助它抵御了互联网腊月里的严寒杀气。

2002年，虽然互联网的泡沫尚未散去，但互联网大普及的趋势愈发明显。腾讯在增值业务和广告市场上达到了利润过亿元的目标，按照马化腾的说法，腾讯实现了"关键一跃"。这一跃不简单，让腾讯实力大增，远离风险极高的互联网企业生死存亡线；这一跃开生面，让腾讯脱颖而出，成为互联网行业里的明星企业。

2004年，以ADSL为代表的宽带网络让中国的互联网用户数实现了几何式增长，预示着中国互联网黄金时代的来临。这一年的6月16日，腾讯在香港主板上市。开盘的股票发行价为3.7港元，不算高。当时很少有人看出来腾讯股价未来会有数百倍增长的潜力。2016年9月5日开盘后大涨，腾讯股价达了209.4港元，市值达到1.982万亿港元，领先于阿里巴巴，也首度超过中国移动，成为亚洲市值最高的公司。早先犹豫而没买腾讯股票的一大批股民肠子都悔青了，因为坐失了自己一生中最大的一次发财机会。

2010 年 3 月 5 日 19 时 52 分 58 秒，QQ 最高同时在线用户数突破 1 亿，这是人类进入互联网时代以来全世界单一应用同时在线人数首次突破 1 亿。互联网产业的天空中升起了一颗耀眼的明星，腾讯创造了互联网行业的神话。在不算长的时间里，腾讯成为中国市值第一、收入第一、利润第一的互联网公司，进入全球互联网公司的第一梯队。

微信再创奇迹

2011 年 1 月，腾讯正式推出微信。这是移动互联网发生的一个重大的事件，故事应该讲详细一点儿。2010 年年底的一天，腾讯下属公司的张小龙给马化腾发出一封邮件，建议腾讯做移动社交软件。对技术动向一向敏感的张小龙认为，互联网技术发展出现了新的动向。智能手机技术不断进步。与电脑互联网相比，移动互联网更加方便和快捷。完全可以预测，移动互联网方面将会出现新的通信工具，将对 QQ 造成极大威胁。如果承认这种发展趋势，我们腾讯就应该主动出击，把这项新技术的研发抓在手里。否则如果被别人抢先了，腾讯将会处于极大的被动之中。马化腾很快回复了邮件，完全赞同他的想法。马化腾批准该项目正式立项，任命张小龙为负责人，带领腾讯广州研发部开始研发，并给这款产品起名为"微信"。

张小龙所带领的研发团队日夜奋战，很快取得突破。与预料的完全一致，微信推出后受到用户的热烈欢迎。两年时间里就积累了 2 亿用户，这是一个惊人的数字。2013 年 1 月 15 日深夜，微信用户数突破 3 亿。微信的影响力不仅遍及中国大陆，也吸引了中国港澳台地区，以及东南亚等地区的大量华人，甚至一些西方人也对微信产生了兴趣。

笔者想起一件往事。那年我去美国参加一个经贸活动，见到了移民到美国的老朋友。一阵亲切的叙旧后，在商量以后如何加强互相联系时，这位老朋友建议说："我们加一下微信吧。微信不仅能发文字，还可以发语音和图片，太方便了……"实际上，老朋友能够接受微信，不仅是因为方便；可能昂贵的国际通信费用是更主要的原因。从美国打电话到中国通信费用不菲，而微信是使用"流量"。如果通过使用 Wi-Fi，不管是打电话、发图片、发语音，微信费用便宜到可以忽略不计。我试了一下果然好用。这位老朋友评价说："微信创造了全新的沟通方法，我觉着会改变我们的生活方式。"后来微信发展的情况证明他的看法没错。据统计，截至 2017 年 9 月 30 日，微信用户数达到 9.8 亿，QQ 月活跃用户数达到 8.43 亿。

在十几亿的华人中竟然有近十亿人用微信，这是一个惊人的现象。这说明，通过微信传递信息已成为大部分华人的重要生活方式。我们通过微信安排工作和生活事项，购物时用微信付款，吃饭时用微信点餐，旅行时用微信预订机票、火车票和酒店，更不必说我们每天在微信上阅读各种新闻报道。微信覆盖我们生活的方方面面，确实深刻地改变了我们的生活方式。

改变我们生活的张小龙是什么人？他是湖南邵阳邵东县人，华中科技大学电信系硕士。如今任腾讯公司高级副总裁，人称"微信之父"。因为发明微信，他被《华尔街日报》评为"2012 中国创新人物""2013 中国科学年度十佳新闻人物"等。不夸张地说，腾讯为技术创新而生，以技术创新作为公司的立身之本。从互联网技术影响人类生活的角度看，如果说 QQ 是腾讯的第一次生命，微信则是它的第二次生命。有两条生命的企业自然活得会比别人更滋润一些。

从技术研发角度说，微信只不过是腾讯无数个创新项目中的一项。这也说明，马化腾不但是一名将才，在技术研发的实际操作中亲自带领弟兄们冲锋陷阵、攻城略地；更是一名帅才，善于发现公司技术人员的新想法新点子，全力给予鼓励和支持，做一线研发人员的坚强后盾。不仅如此，马化腾还设立基金支持社会上青年人的创新活动，积极收购他们的创新项目或者与对方合作，从而让腾讯的技术宝库规模越来越大。例如，截至 2016 年 9 月，接入腾讯的开放平台超过 600 万家创业公司，合作伙伴公司总估值超过 3000 亿元；在全国范围内已布局 30 家腾讯众创空间，总面积达 100 万平方米。腾讯不愧是技术创新方面的先锋，是中国互联网行业中的领军者。

2017 年 8 月 7 日，腾讯股价再创历史新高，达到 320.6 港元。马化腾的身家也水涨船高达到 361 亿美元，成为中国首富。2018 年 4 月，他获得由《时代周刊》评选的 "2018 年全球最具影响力人物" 荣誉。于 2018 年 10 月 25 日发布的 2018 福布斯中国富豪榜中，他凭借 328 亿美元的身家蝉联榜单第二名。2019 年 3 月，他以 388 亿美元财富排名 2019 年福布斯全球亿万富豪榜第 20 位。

马化腾成为巨富，但是他没有因此忘记自己的社会责任。2006 年，腾讯成立了中国互联网首家慈善公益基金会——腾讯慈善公益基金会，并建立了腾讯公益网。于 2016 年 6 月 7 日发布的 2016 胡润慈善榜上，马化腾以 139 亿元捐赠额成为中国首善。2019 年 7 月，2019 福布斯中国慈善榜发布，马化腾排名第四。

为国家做出重大贡献的腾讯自然得到了许多社会荣誉。2010 年 9 月 5 日下午，时任中共中央总书记、国家主席、中央军委主席胡锦涛一行来到腾讯公司参观考察。2012 年 12 月 7 日，中共中央总书记、国家主席、中央军委主席习近平来到腾讯公司参观考察。2018 年 12 月 18 日，党中央、国务院授予马化腾改革先锋称号，颁授改革先锋奖章。

如今的腾讯，不仅是中国互联网的领军企业，而且开始对世界互联网技术创新产生影响。马化腾的 QQ 最早受以色列创客的启发，现在开始影响国外，甚至影响了科技大国美国。据香港《南华早报》网站 2019 年 4 月 1 日刊登的一篇由阿什莉·加利娜·杜达列诺克写的文章，马克·扎克伯格在一篇关于 Facebook（脸书）未来的文章里表示，他希望将 Facebook 打造为"注重私密性的即时通信和社交平台"的计划受到了微信的启发，其目标是让 Facebook

成为与微信类似的超级应用程序。这是第一次有硅谷科技巨头表示，中国科技生态系统值得学习和仿效。实际上早在 2016 年 Facebook 在即时通信软件 Messenger 上推出"Instant Games"游戏平台。此前，微信已推出小游戏，而腾讯是世界最大的游戏公司之一。超级应用程序微信的活跃用户估计超过 10 亿，它可以用来购物、打车、订餐、购买机票、办理登机手续、预约就医、支付水电费，甚至在一些城市还能预约婚姻登记。

腾讯的例子说明，技术会传播，新技术传播到一个新地区就会促进这个地区生产力大大提高。技术不但能够促进生产力发展，而且能够促进社会进步，调整人类社会前进的步伐，让人类终归以比较一致的速度发展。人类不断发展新科技，先进科技反过来对人类社会产生极大影响。从一定意义上说，人类历史是由新技术不断推动发展的。

第八章 "中国硅谷"华强北

华强北算"硅谷"吗?

自硅被科学家们发现,又找到了提纯方法,这种半导体就成了信息产业发展的核心材料。美国加州北部旧金山湾以南的一块地方,被称为硅谷(Silicon Valley),是因为这里有许多设计和制造硅芯片的公司,硅谷成了信息产业的发源地和领军者。"硅谷"成为高新技术产业迅速发展区域的代名词。

技术是会扩散的,因此新的硅谷会不断产生。人们公认的第2个硅谷出现在以色列。以色列的特拉维夫与海法之间,在一块52平方公里、40万人口的区域里聚集了成千上万个以色列创业公司。平均每平方公里就有13家创新型公司,是世界上创新型公司密度最高的地区之一,它们的许多新技术成果在世界上享有盛誉。因此,被誉为"第二硅谷""中东的硅谷"。但是当地人称它为"硅溪"（Silicon Wadi），也许是为了与"硅谷"区别开来吧。

中国作为高新技术研发发展速度最快的国家之一，自然也有自己的硅谷。许多人认为"中国硅谷"深圳应当算一个，能够争得这份荣誉，华强北功不可没。在这个问题上也许会有不同意见。有人说，华强北也就是一条商业街吧，说硅谷够不上。也有人提出质疑说，在全国大城市里，深圳的大学最少，国家级科研机构没几个，怎么能够称"中国硅谷"呢?

但是，深圳确实产生了华为、腾讯、华大基因、大疆等许多国际著名的企业，深圳的民营科技企业数量最多、发展状况最好，从而让深圳的经济发展速度惊人。深圳的地区生产总值由建设之初的 1.96 亿元增长到 2018 年的 2.42 万亿元，40 年增长了 1 万倍。在中国城市地区生产总值排名中，深圳排在上海、北京之后，超过了香港。

面对这个事实有些人又感到迷惑不解，深圳是怎么做到的呢?

完整的产业链是深圳的核心竞争力

上面有人提到的两个问题其实不难回答。

如果你深入华强北街道走一走,感受一下电子市场里那种柜台连着柜台,柜台里密密麻麻摆满了元器件,柜台上面、后面放着成堆的货物让售货员难以转身,商场里从早到晚熙熙攘攘、顾客川流不息的状况,就可以明白生意是多么兴旺,而每个柜台的买卖小溪流最终汇成了华强北的经济巨浪。

如果你再深入到深圳的民营科技企业里调研、了解一番,能够看到工厂里每天都会有各种新产品从仓库发货,通过物流公司发售到世界各个角落的大小市场。你就可以解开自己心中的疑惑了:虽然深圳高等院校、国家级研究机构不多,但是深圳的本事在于拥有大量的民营科技企业,它们有足够灵敏的嗅觉找到市场欢迎的先进技术成果,再通过艰苦的努力将技术方案变成市场上热销的产品。如果没有这些企业的努力,再好的研发成果也只能束之高阁,放在仓库里睡大觉。

深圳是公认的"中国民营经济第一城",也是公认的"企业家精神之城"。在深圳,90%的创新型企业是本土企业,90%的研发人员在企业,90%的科研投入来源于企业,90%的专利产生于企业,90%的研发机构建在企业,90%以上的重大科技项目发明专利来源于龙头企业。这6个"90%"说明了深圳的创新力量在民间、在民营企业。2017 年 4 月，英国《经济学人》杂志发表文章称深圳已成为"创新温室"。

华强北是一个大商业圈，附近的企业并不多。但是华强北商业街能够让一个研发人员找到需要的元器件，让自己的设计变成真正的产品。不夸张地说，在全世界范围内，在华强北研发的效率最高、元器件配套的时间最短。这就是华强北的魅力。美国苹果公司 CEO 库克认为，深圳拥有创新创业的良好环境，以及完备的上下游产业链。2015 年，由美国加州硅谷地区 8 位市长和企业家、投资人组成的"硅谷市长中国行"代表团，出席了"中国·硅谷创新投资论坛"。硅谷市长团团长 Brian Peck 评价说："深圳和硅谷有着同样的基因。"

如果说，以华强北为代表的深圳能够称得上"中国硅谷"，那么它的核心竞争力在于全世界第一流的完整配套产业链。

可以用大疆创业的故事来说明这个问题。深圳大疆创新科技有限公司，是汪滔于 2006 年创办的公司。汪滔是杭州人，毕业于香港科技大学。2012 年开始推出世界首款航拍一体机"大疆精灵 Phantom 1"，短短 3 年内，大疆的销售额增长近 100 倍。在全球消费级无人机市场中，大疆的产品占据了 7 成，成为无人机领域的"领跑者"。

当听说汪滔在深圳创业取得惊人成绩时,当时的香港特首专门到深圳考察大疆企业,对汪滔提出建议说:"你能不能回香港开办公司,深圳给你什么条件,我就给你什么条件……"汪滔感谢了特首的好意。他说:"相信其他条件您都能给,但有一个条件你给不了:就是完整的产业链。在深圳,只要我们的研发工程师有了一个想法、一个方案,在网上发布出去,所有需要的元器件都可以在深圳采购到,而且多家参加投标,货比三家,能够选到最好的。这一点香港做不到……"特首这才明白了大疆能够在深圳成功的秘密。

这两年的央视春节晚会上都有机器人和无人机的表演。机器人方队可爱灵巧、整齐划一的动作让观众们非常喜爱;而天空中的无人机群,能够瞬间摆成文字和各种复杂图案而不出任何错乱,就像天空中的蜂群、大海里的鱼群,令人叹为观止。观众们不知道的是这些机器人和无人机都产自深圳。

以机器人和无人机为代表的高科技产业为什么能够在深圳异军突起?原因就在于深圳有完整的产业链。深圳前副市长唐杰对其中的原因讲得比较清楚,他说:"深圳市政府最爱干的事就是研究产业链,缺了这个新产业做不成。有一次，我在飞机上看到天津的报纸上说，天津十年磨一剑，成就了1000亿元的大飞机产业。当时我就联想到深圳无人机产业在5年中的增长也是1000亿元。"短短5年时间，增长1000亿元，这种速度可以用"冒出来"这个词来形容。唐杰举出无人机、机器人"完整产业链"中的几个关键点。例如，深圳有全球最发达的碳纤维应用行业。深圳的这个行业最早是从加工钓鱼竿、网球拍、高尔夫球杆等产品发展起来的，深圳做碳纤维做到了最高端，一辆碳纤维自行车售价24万人民币，贵过一般的汽车。碳纤维结实、轻巧，生产无人机离不了。再例如，伺服电机中的磁性材料是无人机、机器人的关键材料之一，仅这种材料的研发，深圳市政府就先后投入了5000万元研发经费，对推动行业发展起到了很大作用。

华强北的又一次转型开始了

随着中国制造业开始出现转型升级的趋势，2013年10月，国务院常务会议提出了"调动社会资本力量，促进小微企业特别是创新型企业成长，带动就业，推动新兴生产力发展"的要求。在2014年9月召开的夏季达沃斯论坛开幕式上，李克强总理首次提出了"大众创业、万众创新"的战略设想。神州大地上掀起了一股创业热潮。对那些积极创业的科技人员和热心青年,人们给他们戴上了"创客"的花环。

从那以后,从中央到地方政府陆续出台一系列优惠政策支持创业创新。这股和煦的春风也吹到了华强北。2018 年,福田区政府出台《华强上步片区产业空间供给侧改革专项政策》,对众创空间、创客团队实行补贴支持:租金补贴 60%,装修补贴 50%,以及其他一些融资配套奖励、经济贡献奖励等。华强北街道办认真落实区委区政府的部署,出台了《2018 年华强北创新发展行动方案》,确定首期先做好"十大行动方案"、45 项工作。

政府的有力措施极大地调动了企业、商家的积极性。一些在一段时间里经营遇到困难的企业,鼓起了信心,加大投资力度,实行经营方式转型,大力支持创新。到 2018 年,华强北出现了若干家"低成本产业空间",面积达 10.42 万平方米。其中,中电、赛格、华强等纷纷打头阵。

力度最大的可能是中国电子(CEC)创办的"中电智谷"。它将迪富大厦的 1—4 层辟为产业孵化中心,在 6—12 层开设产业加速中心;另将桑达大厦的 1—4 层裙楼辟为产业市场转化中心;将中电 109 栋公寓变成创新人才公寓。其中 1 期工程已建成，面积达 3 万平方米。中电智谷聚焦智慧城市、物联网、商用智能设备、消费级智能硬件等四大领域，想办成国际智能创新创业示范区。中电智谷已有众多高科技企业进入，其已成为颇有影响的创业空间平台，吸引来了众多的合作者。2018 年开始，中电智谷与瑞士洛桑联邦理工学院及其他企业合作创办了中瑞先进技术创新中心，与美国东方创客合作打造中美创新中心，与意大利阿普利亚地区政府、巴里大学合作建立中意创新中心，与英国谢菲尔德大学合作建立中英创新中心，与我国国家智能传感器创新中心合作设立南方实验室等等。中电智谷以大手笔摆开了战场，雄心勃勃地想要在新一轮竞争中，站在潮头，中电集团拥有长远的战略眼光，具备在华强北多年历练的丰富经验，加上坚定的投资决心，相信会取得不俗的成绩。

赛格集团打造的"赛格众创空间"已成长 3 年，经营面积 1.5 万平方米。众创空间积极引进创业团队，帮助孵化成长。已拥有 2 个孵化器、9 个加速器，孵化项目 287 个，服务团队 1500 个。

华强集团打造的华强北国际创客中心面积 5000 平方米，定位为"创新创业综合生态平台"。其采取创客与跨境电商结合的新模式，由创客提供创意产品，电商提供海外市场渠道，打造一种新的产销系统。

此外，还有面积达 1.8 万平方米的中电智方舟国际智能硬件创新中心；面积达 8000 平方米（仅为一期）、定位为"物联网产业链的协同双创基地"的云创智谷；桑达集团创办的面积 3000 平方米的中电创客中心；面积达 6000 平方米的曼哈国际双创中心；华强北首家香港智能产品创新创业基地的通天地智能产品孵化基地；等等。

这些创新创业平台、中心、孵化基地，已进驻了很多企业，其中一些企业已取得多项成果。其中最值得说的是海格斯（HAX）。在一次采访中，华强北街道办的领导在介绍海格斯时说它是"全球最大硬件的创业加速器"，我一下子没有听懂是什么意思。经过解释才弄明白这是一家总部在旧金山的美国投资机构，专门投资初创企业，大概相当于风险投资行业里专投初创小企业的所谓"天使基金"吧。海格斯的投资领域十分广泛，包括自动化、机器人、人机交互、先进制造业等。

海格斯于 2012 年进入中国、落户在华强北的华强电子市场顶层，面积超过 3000 平方米。有人问海格斯的创始人西里尔·埃贝尔斯维莱先生，为何落户在深圳华强北？他说："深圳的有趣之处在于不仅有布满流水线的大工厂，更有遍地开花的小工厂……华强北最能体现小工厂的能力。"他称这种状况是中国制造业的"长尾"。"长尾"一词是由美国知名科技杂志《连线》前主编克里斯·安德森发明的。根据这一解释产品流行度的理论，"长尾"代表着产品热度正态分布图中"默默无闻"的大多数，但正是这些貌似冷门的产品往往蕴藏着极大的商机。

海格斯有十分独特的投资经营方式。它为选择投资的项目设立6个月的加速期，并分为3个阶段：第一阶段深圳2个月，是产品定义、设计和品牌的加速期；第二阶段深圳3个月，为制造生产前的准备和执行期；第三阶段旧金山1个月，进行产品全球发布，实现亚洲+硅谷路演。经过如此精心设计、严密组织和高强度的加力，许多项目迅速成熟，受到投资市场的热捧，而后顺利售出，海格斯就收回了自己的前期投资；或者以持有部分股份的形式与这些企业一同成长。

在华强北的创客空间里，挤满了来自世界各地的创客团队。埃贝尔斯维莱要求他们在华强北的5个月时间里，高速运转，高效运作，一天也不要浪费，因为这里是创业的天堂。他对记者说："如果在美国，幸运的话，创客要花 3 个月时间才能找齐各种电子元器件；而在华强北最快只要一天……"海格斯已进行了十几期孵化，投资 100 多个创业项目，多数取得令人满意的效果。

赛格众创空间运作得比较好。其中一个团队中有来自美国的创客布莱克。该创客团队开发了一款新型的智能手表，带有字母键盘，可以处理文字，可以看时间，也具备手机的一些功能。这款新产品开始热卖。一位来自迪拜的采购商阿里先生看中了这块手表，经过讨价还价，讲定每一块售价 800 元。阿里觉着物美价廉，一下子订货 1000 块。布莱克负责洽谈这单生意，他向阿里介绍说："这款智能手表从提出点子，到设计论证、样品生产、批量生产，再到上市销售，前后只花了 3 个月，如果在美国硅谷，研发周期不会少于 10 个月。"阿里赞叹说："在全球，华强北开发的产品速度最快、上市最早。我们家乡有一句话说，'早起的鸟儿有虫子吃'。华强北真是个好市场。"

布莱克是一位资深创客，他来深圳当创客已经有 8 年时间，深深地爱上了华强北。记者问他为什么喜欢华强北，他回答说："华强北简直是创客的天堂。

在这里能够找到志同道合的合作团队；创客研发产品需要有元器件丰富的仓库，华强北就是一个要啥有啥的大仓库；产品做出来要有好的销售渠道，华强北就是一个世界级的大卖场。这里有一站式解决方案和一站式服务体系。在世界其他地方能找到这样好的创客空间吗？没有啦！"布莱克告诉记者，他下一个研发产品是智能柔性屏幕。他说，这款产品从孵化到上市，其研发周期只有美国加州硅谷的1/3，研发成本只有1/4。

地铁7号线的修建，确实对华强北的经营产生了很大的不利影响。但是积极有为的市政府化解不利因素、变坏事为好事，抓住时机促使华强北转型升级、培养新的业态。结果这条街不但没有萧条、衰落，反而对商家和创客产生了越来越大的吸引力。例如，德国著名发明家米歇尔·海瑟先生，曾经在欧洲和美国硅谷定居创业；2011年他决定扎根深圳。他说："每次有新想法，第一反应就是去华强北的电子市场！直觉告诉我，这条街才是数码科技的真正圣地，深圳才是硬件创新的天堂。"

还有一个来自台湾、名为"小绿草"的创客团队，研发了一款自拍机器人，其镜头能够追踪人脸、跟着人脸转。产品在台湾研发出来时成本要 900 元。他们来到华强北改进产品，通过华强北强大的产业链寻找到合适的元器件，产品的成本降到了 80 元。成本能够如此大幅度降低，连创客团队的负责人都感到惊讶："成本降低，意味着市场的扩大、利润的增加，这对我们好像是天上掉下来的巨大蛋糕。"由于此款产品构思巧妙、市场前景广阔，小绿草科技又获得了新的大笔融资。创客团队开心得不得了，认为华强北为他们的创意插上了飞翔的翅膀。

中电智谷中已经培养出慧联无限、沃客非凡等准独角兽企业。2018 年著名手机企业 OPPO 将全球第二家、华南首家超级旗舰店落户华强北。

2015 年 6 月 12 日，华强北成立了深圳创客联盟
图片来源：吴赛锋主编《华强北 40 年影像记忆》

第九章 打造中国电子第一街

中国电子第一街在哪里？

"中国电子第一街"是一个含金量很高、非常吸引人的名称。想要戴上这顶桂冠的地方肯定很多，比如说北京的中关村，上海、杭州的电子街等。但是最早想出这个名称的是深圳人，而经过努力华强北也确实争到了这顶桂冠。然而这是一条漫长、艰难的道路。

2007年，福田区领导根据华强北超常规发展的形势，要求华管办（华强北商业街管理委员会办公室）提升华强北的管理水平。区领导认为，要想将华强北打造成为全国最具影响力的电子信息服务业基地，就必须将华强北创建成中国电子第一街。

当时华管办的主任是邓芬。接到了上级的指示，他就开始日思夜想，如何才能够拿到这块代表全国电子最高荣誉的牌子。创建中国电子第一街需要经过中国电子商会批准。邓芬决定委托深圳电子商会承担制定创建方案和申报工作。为了显示工作的严肃性，邓芬与程一木分别代表两个单位郑重其事地签订了委托协议。经过几个不眠之夜，程一木写出了《关于打造华强北电子第一街策略研究报告》初稿。

但是申报中国电子第一街是一个全新的项目，主管部门一时不知道该怎么操作。2008 年，中国电子商会与深圳电子商会、华管办一起，先研究拟定了"中国电子科技一条街"和"中国电子第一街"标准等资质规范文件。根据标准，华管办组织各方力量，经过几个月的认真准备，最后拿出来一大本《华强北"中国电子第一街"申评概述》的文件资料汇编册。这是一部足足有 5 厘米厚、几百万字、包括图片和报表的大型申报书。这部厚重的文件资料汇编册，凝聚了工作人员们的心血，表现出了华管办的高度工作责任心，在后来的申报工作中发挥了重要作用。经过充分准备，深圳电子商会向中国电子商会正式提出了申请。

9 月，中国电子商会组织了一个专家评审委员会，来到华强北进行现场评审。这个评审组织不简单，除了工业和信息化部，中国电子商会的领导、专家外，还包括北京中关村、上海电子商会等全国各地电子街区的代表。经过调研，评审组认为，华强北至少有四个方面的优势：一是市场规模大，26家专业市场，总面积近50万平方米，规模全国最大。二是经营品种多，从元器件到手机、电脑、数码等终端产品，应有尽有，品种齐全；相比之下，华强北最强的对手北京中关村，经营电子元器件种类不足前者的10%，业态不够丰富，经营品种不够齐全。三是交易量高，华强北年经营额超过600亿元，是第二名中关村年营业额的两倍多。四是市场覆盖面广，华强北市场覆盖全国，甚至占据了中东、东南亚等许多海外市场。经过严格评审，用数据说话，经事实证明，评审团专家一致认为："华强北在经营规模、经营档次、管理模式、创新水平、品牌效应和政府重视程度等方面，都优于全国十大知名电子商业街区中的其他街区，确实为全国第一。"评审团最后打分为290分（总分325分）。金字招牌终于落定华强北。2008年高交会上，中国电子商会的领导将"中国电子第一街"的牌匾颁发给了深圳。这是一枚光荣的勋章，承认了华强北在中国电子市场里的领军地位。

设立中国华强北电子指数

这项工作实际上是与申报中国电子第一街一起启动的。这方面，华强北没有什么经验。2006 年的 10 月，按照福田区领导的要求，程一木和华管办何国平主任结伴，专程到浙江义乌小商品市场学习。他们现场观摩考察，与实际操作人员座谈，了解"义乌·中国小商品指数"是怎样运作的。听说这套指数系统是由浙江工商大学教授们设计的，他们又到杭州找到大学教授学习指数系统的设计原理，最后系统全面地了解了指数是怎么回事。回来以后，很快就向福田区领导提出了设立华强北电子市场指数的建议。区领导采纳了此建议。

2007 年 3 月，由福田区领导率队，组织区机关有关部门，组成一个工作班子到北京汇报工作。邓芬参加了这次活动。区领导向信息产业部等有关部门领导，汇报了福田区的工作和华强北创建工作情况。区领导在京参加了两个研讨会，并与中国电子信息产业发展研究院等单位，签订了 3 份合作合同：一是数字福田信息化建设；二是华强北·中国电子市场价格指数项目；三是南方手机检测中心。接着，正式委托中国电子信息产业发展研究院下属的赛迪顾问有限公司，帮助开发华强北·中国电子市场价格指数系统平台。2007年9月，指数系统的技术设计完成。

2007年10月12日18时，就在深圳高交会开幕的当天晚上，"华强北·中国电子市场价格指数"的发布暨亮灯仪式在华强北隆重举行。由这一天起，指数平台开始正式对外发布电子市场的价格指数。为了提高指数发布效果，赛格集团与美国时代传媒公司合作，在赛格广场大楼墙面上安装了一个285平方米的巨型电子彩屏，亮丽清晰的彩色屏幕上每天滚动着价格指数的一串串数据。这些数据就成了华强北成千上万电子厂家了解行情、计划生产、安排销售的指挥令。

"深圳市华强北·中国电子市场价格指数有限公司"成立，将保证指数发布规范专业。公司由企业、电子卖场、中介机构、咨询机构等共同出资组建，其中华强集团积极性很高，投入大量资金成为大股东。指数公司成立后，操作规范、运作正常、科学采集数据，每星期发布一次。"价格指数"分为5级共55项指数，包括市场价格综合指数及各级各类细分指数，全面反映出了华强北电子市场交易的综合行情。业内人员评价说，由于有了价格指数，"中国作为电子制造大国，掌握了话语权"。接着，价格指数的技术系统不断改造升级，从 1.0 版本，到 2.0 版本，再到 3.0 版本，技术越来越成熟，数据越来越科学准确。

电子价格指数在第四届（2007 年度）中国最具影响力品牌评选和第二届（2008 年度）中国十大最具公信力品牌评选中，分别获得了"中国国际电子市场价格指数最具影响力品牌"和"中国商业街最具公信力品牌"的荣誉称号。

华强北电子市场价格指数很快显示出巨大的影响力。2008 年，北京中关村电子商会和北京市海淀区商业委员会组成一个考察团，专门到华强北学习考察价格指数发布的有关情况。2009 年，北京中关村电子产品价格指数正式发布。中关村指数与华强北指数有所不同。华强北指数主要涵盖的是电子元器件，而中关村指数主要是电子产品的价格指数。由于华强北指数在电子产品方面，只有指数没有价格，因此，其代表性还不够全面。针对这个问题，工信部提出建立中国 IT 市场价格指数，以完善对全国电子产品、电子市场全方位的价格监测工作。在长达一年的时间里，经过深入细致的调研和反复论证，工信部终于做出了决定。2010 年 10 月，工信部和中国电子商会，在深圳华强北召开了全国电子科技街区发展促进联盟会议。会议宣布，由华强北承接中国 IT 市场指数建设工作。

2011 年 11 月，由工信部批准成立的中国 IT 市场指数运营中心正式落户华强北。中国 IT 市场指数运营中心是全国 IT 产品数据采集、计算、生成、指数发布和商业运营的总部，是全国各个指数监测站的中心枢纽。这是一个包括我国 IT 终端市场的个体指数、类指数和总指数的发布系统，下设深圳华强北、沈阳三好街、北京中关村、郑州科技园区、武汉洪山区和成都科技街等 6 个区域性指数监测站。此外，在全国各地共设有 18 个主要 IT 专业市场数据采集点。老的电子市场指数与新的 IT 指数的不同点在于：老指数中，只有部分元器件的数据是全国数据，而其他的电子数码产品的数据只是深圳地方数据；而现在的新指数内容涵盖 IT 产业元器件和所有电子数码产品。这个数据将会在更高水平和更大范围内，对中国乃至世界 IT 产业的发展产生影响。

2011 年 11 月 15 日，工信部在风景优美的五洲宾馆，召开了中国加入 WTO 十年中国电子信息产业发展回顾与展望暨中国 IT 市场指数发布会。该活动由工信部主办，深圳市政府支持，福田区政府和中国电子商会共同协办。根据会议公布的数据，在过去 10 年里，我国电子信息产业主营业务收入增长超过 5 倍，到 2010 年达到 7.8 万亿元（其中，深圳华强北完成8600 亿元，占全国的一成多），2011 年的收入超过 9万亿元。电子信息产业工业增加值占 GDP 比重，由2001 年的 2.5% 提高到 4.9%；电子信息产品制造业规模占全球总量 30% 以上，居世界第一。工信部总经济师周子学将中国电子信息产业规模发展评价为"爆炸式增长"。

市场指数是晴雨表，在华强北经营的商家们根据指数决定自己的经营策略；市场指数是风向标，全国各地的电子市场根据指数了解中国乃至世界电子元器件的行情和动向；市场指数是纪念碑，作为指数发布地的华强北从此真正成为中国电子市场的航母、旗舰。

下大力气整治华强北

邓芬这辈子与华强北结下了不解之缘。邓芬的老家在广东茂名。他从广东省经济管理干部学院毕业后，于 1989 年来到深圳，自 1991 年开始在福田区政府经贸局工作。区经贸局的重点工作之一就是管理华强北，毕竟这是全区最繁华的街道。邓芬就是从这个时候开始与华强北打交道的。区政府为加强对这条街道的管理，成立了专门的管理机构。1999 年，成立了华强北管理服务中心，隶属福田区经贸局管理。2001年，成立了华强北商业街管理委员会办公室，级别定为正处级。2006 年 12 月，邓芬正式调入华管办任主任兼党委书记。

邓芬关注华强北，除了工作职责所在外，还有个人一些特别的情感在起作用。他很喜欢街上那种人们总是忙忙碌碌的热闹景象，能够感觉到繁忙生意背后那种不可遏止的无限活力。他认为这是一条极具潜力的街道，将自己的青春献给这样的街道是很有意义的。他清楚地知道，为了让这条街道健康成长，市区两级政府投入巨资，不断地对街道进行整治改造。正是因为有了政府的有力指导和管理，这条街才能够迅速发展，而且不至于"野蛮生长"；由于有政府的支持，这条街才不断地转型升级。在邓芬的记忆里，在净化、美化街容街貌方面，华强北先后经过三次大的整治改造工程；在增强其核心竞争力方面，政府至少帮助做了三个大项目。邓芬参与了其中大部分工作，他高兴地看着华强北一天天在自己面前变化，变得越来越繁华、越来越美丽。

先说三次整治改造工作。

第一次改造工作开始于 1997 年前后。这一年，区领导提出将华强北改造成繁荣商业街的要求。为此，邓芬到华强北进行了深入的调研。摸清情况后，他起草了《关于华强北商业街改造建议》的报告，提出了"华强北商业街与东门商业街不同定位、错位发展"的想法。该报告以区经贸局名义上报市计划局。报告引起了市领导的高度重视。深圳经过 20 年的快速发展，城市的发展方向和功能需要转型和提升，不能仅仅满足于城市工业发展一枝独秀，而要考虑城市的商业发展问题，这既是城市发展的后劲所在，也是关系到市民群众提高生活质量的民生问题。但是具体怎么做呢？正好此时邓芬主笔起草的报告，提出了具体的转型思路和可操作的方法。市政府有关部门对这个问题进行深入研究后，决定加快深圳商业发展步伐，提出建立四大商业中心，即"传统的东门老街，经济实惠的华强北，豪华高档的人民南，未来的福田中心区"。四个项目，福田区、罗湖区各两个。

1998 年 5 月，市政府下文，将华强北的改造列为当年市政府为市民办十件实事之一。根据市区两级政府的部署，6月，邓芬带队来到华强北抓好落实工作。8月，完成了具体的改造工作方案。该方案很快获得批准。11月，开始进行招投标工作。先是进行设计方案招标，接着进行施工队伍招标。12月华强北改造工作正式开始。

这一次改造工作中，两级政府投入了4500万元巨资。改造工作包括：拓宽平整路面、修整人行道，改善了街道的交通状况；清理了街上的广告牌，使街头环境变得整洁；改造了路灯，让华强北商业街晚上亮了起来。经过一年时间，到1999年底改造工程基本完成。2000年元旦，区政府在华强北正式举办了"开街"仪式。从此，华强北不再是一个工业区，而是成为一条商业街了。华强北的改造工程起了立竿见影的效果，街上的人流量从原来一天的20万人上升到50万人，人流量第一次超过了东门老街，华强北一下子变得热闹起来。"改造后的华强北，创造了4个全国第一：年销售额370多亿元，全国第一；电子专业市场经营面积46万平方米，全国第一；经营电子产品种类5大类、100多万种，全国第一；商业覆盖率达59%，全国第一。"（数据摘自贺海涛《推进华强北"中国电子第一街"建设，加快电子市场高档化、国际化步伐》。在采访中，邓芬对以上部分数字做了修正：2008年，华强北的年销售额经过仔细测算应为 1200 亿元；经营电子产品种类为 8 大类。——作者注）

第二次改造工作开始于 2006 年。这一年被市委市政府定为"加强基层基础建设年"。区委区政府认真开展"双基年"活动，对上步工业区的深南中路、华强北路、华富路、红荔路等几条路街进行整治，其中重点是"华强北环境景观综合整治工程"。计划用一年时间，分两个步骤做好整治改造工作。这次改造工作中有许多亮点：政府发动、商家参与，签署发表了《华强北创建全国"八个一流"共同宣言》（"八个一流"的具体内容是：国内规模一流、功能配套一流、专业化水平一流、服务水平一流、国际化程度一流、产品质量一流、法制环境一流、商业文化一流）；组织开展文明诚信商户评选活动，从 2 万多家商户中评选出了 142 家文明诚信商户；积极推动"五星级电子市场"认证工作，赛格电子市场和新亚洲电子市场 2 家市场通过了中国电子商会的审核认证，这样就使华强北成为全国唯一拥有 2 家"五星级电子市场"的商业街。街道设施建设方面，完成临街建筑物120 万平方米刷新墙面工作；拆除 6 万块破旧、不规范的广告牌，设立数量大致相等的新广告牌；新建 5 万多套夜景灯光。经过新一轮改造后的华强北以崭新的面貌出现在市民群众面前。到了此时，华强北已经成为深圳十分时尚亮丽的街道之一。

这次整治改造活动有意于吸引商家和公众积极参与，如策划在全国开展华强北街 LOGO（街道标志）设计征集活动。活动历时半年，征集到来自全国的作品 400 多件。经过群众投票和专家评审，7 件作品入围。最后 3 号作品胜出，获得 10 万元大奖。专家的评语是："这幅作品用七巧板拼接出一个华强北商业街的'华'字，识别性较强，体现了华强北商业中心的寓意。"同时，开展"我们的华强北·金点子"征集活动，要求参加者针对华强北商业区的热点、难点问题提出具有参考价值和可操作性的建议。一个多月时间里收到了全国各地群众的 62 份信件和电子邮件。经过评选，深圳罗湖区市民杨经元提出的"立体开发华强北交通的构想"获得一等奖。开展这些活动不但得到了具体的 LOGO 作品、"金点子"建议等，而且很好地宣传了华强北。

第三次改造工作开始于 2011 年。这一年深圳市举办第 26 届世界大学生夏季运动会（以下简称"大运会")。为迎接大运会，全市开展了城市环境美化活动。其中，华强北作为重要的商业街，自然不能落在后面。几年前，为进一步加强对华强北片区的领导，区政府成立了华强北街道办事处。这次改造整治工作就由华强北街道办负责。整治内容包括建筑翻新美化、整治广告牌、疏通交通等几个方面。内容虽然与前两次有些相似，但是力度和效果完全不同。给沿街建筑物"穿衣戴帽"，色彩变幻，让城市面貌焕然一新。以米色为主的建筑暖色调，让经营黑灰色电子产品为主的街道改变了形象，变得有几分温柔可亲。整治广告方面，将横跨街道的十几个大老土的拱形广告牌全部拆除，还给街道一个完整的蔚蓝天空；把人行道上密密麻麻的各种小广告清除干净；街头竖立几个大型数字电子广告屏，明亮艳丽，引人注目。街道上的灯光也再一次更新补充，入夜灯光辉煌照亮夜空，让夜晚的华强北更加浪漫迷人。疏通街道交通方面，将华强北路列为"严管街"，成立特别巡逻队，在街上定期巡逻，维护治安秩序，清理人行道上占道经营的摊档；组织上百名交通协管员，在路口维持交通秩序，劝导行人不闯红灯、不翻越栅栏横穿马路，使交通大为顺畅。特别是大运会开幕前夕，已修建几年的数条地铁同时通车。其中罗宝线（1号线）、蛇口线（2号线）、龙岗线（3号线）都穿过华强北，在地下形成了密集的运输网，街道地面上有24个地铁进出口，每天将近百万的人群迅速送入送出这个地区，极高效地解决了华强北交通运输的"老大难"问题。地铁站里修建了一个新的商业城，更增加了华强北的商业实力。

从以上所列的工作可以看出，华强北之所以能够不断地转型升级，是全市努力的结果，其中市政府起主导作用，全体工作生活在这条街上的人员付出了艰辛努力，社会给予了热情的关心和支持。在长达几十年的时间里，华强北不断地变化，从最早的荒地僻壤变成了工业区，变成了电子配套市场，变成了商业街，如今变成创新创业园区，这是一个从毛毛虫变成美丽蝴蝶、丑小鸭变成高贵白天鹅、小女孩长大成为美丽少女的过程。这个过程中充满了创新的精神、创业的激情、市政府的抱负、深圳人敢为天下先的魄力。

这里发生了多少可歌可泣的故事，是一段值得大书特书的历史。深圳人创造了世界奇迹！

2005 年 3 月 25 日在赛格广场举行诚信华强北活动
图片来源：吴赛锋主编《华强北 40 年影像记忆》

2015 年 2 月 28 日，华强北举办醒狮贺新春活动
摄影：何龙　图片来源：吴赛锋主编《华强北 40 年影像记忆》

第十章　青春活力华强北

修地铁的困难时期

2013 年 3 月起，华强北进入了一个非常时期。

这一年深圳地铁 7 号线开始施工。深圳是一个东西长、南北窄的条形城市。早期建设的几条地铁线路多数为东西向穿城而过。东西交通通畅后，修建南北向地铁自然摆到了深圳交通地铁建设的议事日程中。其中南北向的 7 号线正好从华强北路地下穿过。不用说，这对改善福田最旺商业区的交通拥堵状况有极大益处。

那几年间华强北路变成了修地铁的工地。这条路完全停止行驶汽车；路面的一半被挡起来作为施工现场，另外一半留给行人行走。华强北被迫成为"步行街"。这种状况对华强北街上的所有商家的生意造成的影响可以用"毁灭性打击"来形容。地铁施工了

4 年。在买家大量减少、顾客流量骤减、商店进出货十分困难的情况下，能够坚持 4 年时间的商家不会很多。正因为这种状况，很多人悲观地预料受到 4 年长时间半封闭影响，坚持不下去的商家会搬迁，华强北恐怕从此会走向衰落。也许可以写这样一副对联：曾经辉煌，办饕餮盛宴终会散场；一场繁华，被风吹雨打就此凋零。

但是，华强北人决心变不可能为可能；越是面临困难，越显政府的积极有为。市区政府、华强北街道办采取了许多有力措施。施工期间，虽然主路干道机动车不再通行，但沿线商场人行通道保持畅通；华强

2013 年 5 月 1 日，修地铁期间的华强北
图片来源：吴赛锋主编《华强北 40 年影像记忆》

北公交车辆站点必须调整，但班次不减；市政府多次组织多方座谈，群策群力商量对策，力求将施工的影响降到最低，使华强北继续保持繁荣的局面。结果，谁也没有想到，施工4年间，经营状况竟然能够每年保持10%的增长率，超过1000亿元以上的交易额。正因为有华强北等多个主力商圈的支撑，福田区连续多年保持"全市消费强区"和"消费总额冠军"称号。

华丽的步行街

2017年1月14日，经过4年施工、休整的华强北正式开街。

2014年1月14日，地铁施工中的华强北
摄影：邓飞　图片来源：吴赛锋主编《华强北40年影像记忆》

2017 年 1 月 14 日，华强北步行街举行开街仪式
摄影：薛宝　图片来源：吴赛锋主编《华强北 40 年影像记忆》

4 年前，华强北由于地铁施工被迫以"步行街"维持营业，今天以正式"步行街"的靓丽面貌惊艳亮相。有人将其概括为"新颖、时尚、科技、创新"的新形象。

此时走入步行街，有一种焕然一新的感觉。地铁通向地面的高耸电梯井被建成斜坡天桥观景台，天桥上百花盛开；整个截面由色彩多样的麻石、地砖铺就，与大块的绿色植物拼出悦目的图案，像一幅美丽的图画；休闲广场上的喷泉喷出水花，街头有一些乐手在演奏音乐；各大商场装扮一新，随处可见时尚文化元素；顾客们或在热闹的商店里购物，或在街上漫步休闲，多么舒适方便的购物环境，弥漫着一片欢乐温馨的气氛。

以前的华强北路人摩肩接踵，车辆首尾相连，交通经常堵塞，秩序十分混乱。随着地铁 7 号线的开通，华强北的交通状况得到极大改善。地铁 1 号线、2 号线、3 号线东西穿行，南北向的 7 号线穿过前 3 条线，形成了三横一纵的"丰"字形结构，将地下交通打通连成一片。4 条地铁线穿过一条商业街，这种优越的地下交通状况可能在全国城市中绝无仅有。到华强北购物逛街的顾客们有福了，乘坐地铁如此快捷方便，没有必要开私家车来了。

修建地铁线，给华强北提供了打造"地下华强北

2018 年 7 月 18 日，华强北地铁商业街开门迎客

图片来源：吴赛锋主编《华强北 40 年影像记忆》

商城"的极佳机会。华强北修建了一条长 1000 米、面积达 1 万平方米的地下商业街,加上地面上原有的 46 万平方米的营业面积,总面积 47 万多平方米。这是一个万花筒式的创业空间、巨无霸式的购物休闲商业街区。

文化华强北

华强北发生了巨变。变化不仅表现在建筑、市容上,也表现在各种业态的转型、更新上,还表现在新文化氛围的形成上。

2018 年 11 月,深圳市政府提出要进行新一波文化设施建设高潮,内容之一是要打造"十大特色文化街区",其中包括"华强北科技时尚文化街区"。按照市文化部门的设想,该文化街区将被建设成"全国规模最大、科技含量最高、产品种类最齐全、年交易额最大的电子产品交易集散地……拥有持续创新能力和浓厚的商业文化氛围"。市政府的计划为华强北今后的发展指明了方向。2019 年 3 月 26 日,福田区文化广电旅游体育局、华强北街道办等几家单位举办了"华强北科技时尚文化街区活动"启动仪式,标志着华强北的文化建设进入了新阶段。

实际上 2017 年 1 月 14 日，新的华强北开街之日就是"文化华强北"闪亮登场之时。那一天华强北集中搞了一系列文化活动，深受群众欢迎。例如，举办"华强北文化图片展"，其内容分为"历史记忆、流金岁月、转型升级、展望未来"四个部分，展示了华强北 30 多年发展历程中的重要时刻；组织 300 名演员举办歌曲串唱、舞蹈、钢琴和小提琴等器乐演奏等多种艺术表演活动，新创作的歌曲《这就是华强北》唱出了年轻人的心声；创办"华强北好声音""讲述华强北故事会""约见大咖－创客面对面"等演唱会、访谈和讲述活动，讲述华强北人的故事，为华强北的

2017 年 11 月 11 日，第三届华强北好声音总决赛在华强广场举行
摄影：张溟敖 图片来源：吴赛锋主编《华强北 40 年影像记忆》

发展出谋划策；推出"未来科技节""电子竞技嘉年华"等系列文化惠商活动，摸索开展科技时尚文化的经验。

几年里这些活动不但坚持了下来，而且项目有发展，内容有创新。与昔日忙忙碌碌做生意的景象不大相同，如今的华强北满街都是时尚文化因素，每天都有各种各样的文化活动在开展，为这条街增添了丰富的文化色彩。

开展"文化华强北"工作有以下几个特点：

一是策划开展丰富多彩的文化节活动。

文化靠创意，品牌靠打造。街道办策划、组织了"华强北科技艺术节""华强北文化消费节""华强北数字艺术节""一带一路集市""我们的节日"等系列活动。

首届华强北科技艺术节在 2018 年 11 月 1 日至 30 日期间举办，包括"改革颂"交响音乐会、华强北创客音乐展会、潮派电子竞技 BATTLE 赛及漫游市集、UKEBOX 弹唱音乐会、华强北好声音流行歌手大赛总决赛等 16 大项、24 场活动。前来参加活动的除了深圳的艺术家外，还有来自美国、俄罗斯、意大利等国家和中国港澳地区的艺术家、科技工作者，大家共同演绎出一场科技与艺术融合、时尚与商业融合的科技文化盛宴。在一个月里做到了天天有活动。

2019 年 5 月 17 日在深圳第十五届文博会期间，"华强北文化消费节"在华强广场正式开幕。文化消费节以"科技时尚·文化引领"为主题，古典乐、流行乐在空中飘扬，芭蕾舞、街舞轮番表演，身材曼妙的模特儿表演时装秀，萌态可掬的机器人吸引观众；"我们都是追梦人"创意市集展售粤港澳地区青年文创作品；"创意无限·锐变新章"摄影作品展再现感人动人的生活瞬间。在华强北街上才能感受到富裕起来的居民有那样强劲的文化消费热情。

同期举办的"华强北数字艺术节"在赛格经济大厦举行。艺术家和科技人员合作，采用最新的数字技术，让市民享受到了"突破性声音和视觉效果"。

二是积极参与中外文化交流活动。

华强北街上来自国外的采购商、参观者和创客团队人数非常多，这里是一个国际化程度比较高的地方。因为有这个有利条件，华强北积极组织各种中外文化交流项目，每年都会邀请来自美、俄、法、意、土耳其、中国香港等国家和地区的艺术家们来华强北演出、交流。这样做既可以开阔眼界、学习优秀的文化艺术，也能够丰富华强北的文化业态，有利于培育华强北人开放的胸怀和开阔的眼界。

华强北与意大利的文化交流活动值得详细介绍。2019年4月12日，在华强北科技时尚文化街区系列活动中，开展了"一带一路·中意文化嘉年华"暨普利亚区（Puglia）旅游文化项目说明会。意大利普利亚区旅游文化发展部部长与多位意大利塔兰塔（Taranta）嘉年华艺术家、博物馆专员等访问深圳福田，在华强北举办"我们相会在普利亚"（We are in Puglia）活动。普利亚是意大利最富庶的省份之一，被称为"亚得里亚海上最闪亮的明珠"。普利亚的塔兰塔嘉年华，是世界十大嘉年华之一。2018年4月，普利亚政府组织17人访问团到福田考察；6月，福田区与普利亚区建成"友好合作城区"。2019年3月，习近平总书记访问意大利时发表文章，强调中意友好交往源远流长、双方合作交流将会更加紧密。在这种新形势下，福田和普利亚的合作往来前景更好。开幕仪式上，专程从普利亚来的艺术家们跳起了欢快热烈的塔兰塔舞蹈，大受观众欢迎。

三是开展华强北读书活动。

深圳是个爱读书的城市。年轻人聚集的华强北读书的人更多，因此华强北每年都要组织读书沙龙、名师导读等形式多样的读书活动。举几个独特的例子。

2018 年 11 月，深圳读书月期间，华强北在文化站举办了"一座城，一条街，一本书——时尚华强北·阅读嘉年华"沙龙活动，邀请著名企业家王殿甫、福田区作家协会主席秦锦屏和我（因为好多年以前我写过一本《深圳财富传奇·占领华强北》的书），畅谈对华强北的印象，讨论华强北对中国电子产业发展所起到的重要作用。

2019 年 4 月 13 日，在华强北赛格广场，举办华强北街道办与深圳晚报社合作制作的"手绘·华强北"系列地图首发式。该地图深入到华强北的每个角落，将许多精彩的内容浓缩展现出来，给市民提供了一份富有文化趣味的华强北指南。

2019 年 4 月 23 日"世界读书日"当天，参与粤港澳三地"共读半小时"活动，华强北组织了《华强北 40 年影像记忆》影集发行活动。该影集由国家摄影技师、华强北街道群众文化学会会长吴赛锋主编，选编各个时期的重要照片，反映了这条街 40 年的变迁。

四是开展形式多样的时尚流行文化活动。

　　华强北的年轻人特别喜欢时尚流行的文化艺术，街道办领导因势利导，注意组织一些时尚流行的文化项目吸引年轻人参加。其中音乐和舞蹈是突出的项目。

　　从2016年策划开展的"华强北好声音"已经成为一个有影响力的品牌活动。该项目已在国家商标局注册了商标，成为华强北的第一个文化商标。2019年举办的第四届"华强北好声音"总决赛形成了一个新高潮。当晚搭建在华强广场的比赛舞台被观众里三层外三层围得水泄不通，气氛热烈。经过3个小时的激烈角逐，最终深圳选手罗煜斌夺得冠军。

　　2019年举办的"华强北交响电音节"是国内首次尝试着将交响乐与电子乐结合起来的音乐节，吸引了国内外许多顶尖的音乐人和歌手前来参加，受到年轻发烧友的狂热捧场；华强北街道办与深圳保利剧院联合举办的"漫步欧美爵士音乐之旅"华强北专场，取得很好的演出效果。如今的华强北，高雅的交响乐与新潮的电子音乐同台表演，古典音乐与流行音乐都有各自的听众，酷炫的舞台上不乏来自世界各地的著名歌手激情演唱，民间艺人在街头为听众献艺。这条商业街上音乐声终日不停，表现出年轻人胸中澎湃不竭的热情。

好动的年轻人们也特别喜欢舞蹈。华强北辖区里有一个深圳市十二月舞蹈艺术团，是深圳首个民办非企专业青少年舞蹈艺术团体。在杨晴团长多年努力下，该团成长为优秀的文化品牌团队。艺术团下属的青年舞蹈团和儿童芭蕾舞团既多次赴德国、奥地利、中国港澳台等多个国家和地区参加舞蹈艺术交流及赛事活动，为华强北街道争得了荣誉；也经常下基层、进社区，为居民群众演出，建团以来参与了数百场公益文化演出活动。艺术团时常在华强北商业街演出，受到观众好评。2019 年举办的"华强北创意街舞大赛"，邀请来了世界街舞大赛裁判、街舞世界冠军、中外顶级街舞高手等担任评委，吸引来 1000 多名街舞

2018 年 1 月 20 日，深圳市十二月舞蹈艺术团走进华强北表演芭蕾舞
摄影：吴赛锋　图片来源：吴赛锋主编《华强北 40 年影像记忆》

爱好者同台竞技，让年轻的观众们直呼过瘾。

五是鼓励众多企业创办文化活动。

华强北企业商家众多，其中有许多企业对搞好街道公共文化建设十分热心。街道办注意发挥企业家们的积极性，吸引他们参与各种文化活动，更鼓励他们自创文化品牌活动。采取"文商共建"模式，与辖区商家共建、共享、共治文化活动场所，由商家提供场地、政府负责组织活动和管理，先后在九方购物中心成立了"福田商圈公共文化共建基地·华强北九方"，在华强电子世界建立了"福田区影像主题图书馆"等。

2018 年 11 月的一天，九方艺术空间正式揭牌对外开放。九方艺术空间的主旨是展示交流、宣扬传承国家级非物质文化遗产和工艺美术，有计划地推出国家级非遗传承人和中国工艺美术大师的作品，每月举办一次大师精品力作展、举行 1—2 次艺术交流沙龙活动。揭幕当天九方举办了中国工艺美术大师陈水琴的作品展，以及国家级艺术杭绣作品展，高级绣娘师傅携带她们的 50 余件佳作亮相华强北。同期举办了第二届深圳薄胎瓷艺（宫灯、宫扇）展。古老的中国传统文化艺术在极具现代感的商业街上展出，既让年轻人领略到中国古老艺术的魅力，也为华强北增加了精致典雅的韵味。

文化既是一个民族的特征和心理认同，也是一个地区发展的不竭动力。华强北之所以能在几十年中始终日新月异地发展变化，是因为拥有深圳经济特区开拓创新的文化底蕴；今后要想更快更好地发展，更要依靠文化的力量。在采访街道文化站站长刘定决时，我请他谈谈华强北文化的特色。他回答说："经过几年努力，文化成为华强北立足世界舞台的新名片。华强北商圈文化与众不同的特点是：智慧新锐的电子科技文化、先锋时尚的商业街区文化、激情活力的创新创业文化。独特的标识已经形成，但只是开头。我们要坚持下去、发扬光大。我们文化工作者的肩头责任很重。"

2018 年 8 月，陈晓中任华强北街道办书记。我对陈晓中熟悉，他原来是宣传文化战线的干部。20 世纪90 年代我在市文明办任主任时，他在福田区文明办工作，大家共同为深圳创建文明城市努力工作。福田区的文明创建工作走在全市的前面。后来他先后任福田区文产办主任、南园街道办书记等职。采访中陈晓中先从华强北街道文化建设的角度提出了发展目标："我们要促使华强北商圈发展成为'历史有根、文化有脉、商业有魂、经营有道、品牌有名'的商业繁荣地、旅游目的地、文化展示地和创新创业发源地。"

我问他："你是一位文化人，来到华强北街道任职有什么特别的感受？"他回答说："最大的感受是华强北创新精神强、变化节奏快。当然，开拓创新是深圳总的特点，但是华强北更突出。最早的华强北只是个大卖场，现在成了创新高地；商家们努力打造自己的品牌，能够生产出一流的产品。华强北的变化日新月异，进步一日千里，最终变成了美丽整洁的步行街。如今的华强北焕发青春，工作生活在这里的居民很年轻。青年人有活力，敢想敢干，有想法有闯劲，所以出现了许多创客，他们将创造华强北的未来。华强北还有一个突出的特点，就是拥有很强的包容精神，这对建立一种友好的营商环境十分有利。在华强北创业的个人比较多，他们像水滴一样，融汇在一起就成了溪流、成为大海。华强北要想发展就要有海纳百川的气度和包容……"

不愧是宣传干部出身，侃侃而谈，口才很好。我又问他："华强北这么大，如此热闹，工作会不会更有难度？"他说："是的。在中国电子第一街的华强北工作，十分繁忙，责任重大。因此，街道办的干部一定要有敢于担当、勇于进取的精神。来到华强北任职，对我是巨大的挑战。我愿意迎接这个挑战，在我任上我们决心把'中国电子第一街'的金字招牌擦得更亮。我感觉华强北工作经历将会是我人生阅历中最宝贵的财富。"

陈晓中说话时看着身边的杜涵涵副主任，后者点着头表示赞成。

愿华强北成为世界级商业文化名街

每一座城市都希望自己有一条著名的大街。如果将城市比作一片树林，街道就是树林中的花树；如果

2017 年 8 月 24 日，华强北荣获"中国著名商业街"称号
图片来源：吴赛锋主编《华强北 40 年影像记忆》

将城市比作海洋，街道就是大海里的浪花。街道是城市的代表和窗口，是城市里的精华所在。

全球有五大著名商业街，包括纽约第五大街、巴黎香榭丽舍大道、伦敦牛津街、悉尼皮特街和香港铜锣湾。这些大街，无一不是道路宽阔，建筑美观，历史悠久，文化底蕴深厚。在这样的大街上，名店比比皆是，货物琳琅满目，世界顶级品牌商品分外吸引人。笔者作为游客到过以上几条大街，吹拂过第五大街的豪华香风，感受过香榭丽舍大街的高雅情调，见识过牛津街的贵族气质，体验过皮特街的异国风情，看到过铜锣湾的繁华景象。如果与这些世界顶级的大街相比，深圳华强北商业街好像是没有脱去泥土味的乡巴佬和涉世不久的愣头青。

国内也有十大商业街。2005 年，《新周刊》根据自己调查的数据，按照养眼、美食、便利、休憩、人气和商业六大指数，公布了"中国商业街排行榜"。按照它的排名，前十位是：香港铜锣湾、上海南京路、成都春熙路、北京王府井、台北西门町、武汉江汉路、重庆解放碑、广州北京路、南京湖南路、哈尔滨中央大街。

国内十大商业街，华强北榜上无名。但是，华强北商业街的销售额无人匹敌。早在 2005 年，华强北就创造了 280 亿元销售额的奇迹。这个数字超过了北京王府井与上海南京路销售额的总和。2010 年，华强北的电子信息产业营业收入达到 8600 亿元，占了全国7.8 万亿元总量的 11%，确实有些厉害。

这种状况与深圳城市总的情况有些相似，如果列举城市的经济指标，深圳在全国包括直辖市在内的城市中，排名第三位；但是如果要论包括历史文化等的综合因素，深圳的排名就会大大靠后。我们希望这种状况能够改变。

实际上，华强北的价值体现在经济方面，它是一条商业旺街，是创造财富的热土。华强北更重要的价值体现在它是科技的实验室，是创新的魔幻区，是实现梦想的地方。华强北是许多科技成果产业化的孵化器，是中小企业创业的摇篮。许多打工青年初来深圳时两手空空，在这条街道上创业，事业成功，成为百万、千万、亿万富翁。

据说国内有一些大城市的领导问自己："我们这里为什么没有华为、中兴、腾讯？"这一问题在一定程度上反映了深圳富有创新精神，是一个适合创业的城市。在这一点上，华强北为这座城市立了首功。

有专家评价说："深圳是以 IT 产业立足的城市，这个选择是明智的，是适合深圳实际情况的正确决策，为深圳在短短 30 年里崛起创造了条件。而华强北是深圳电子信息产业的起点和龙头，是中国电子信息产业发展的一个重要环节。华强北为深圳的发展，为中国电子信息产业的发展所起的作用，不论怎样评价都不为过。"

30 年里，华强北在不断地蜕变和转型。像一只蝴蝶，从小小的卵，到有点丑陋的毛毛虫，到自我封闭起来的蛹，最后破茧而出，成为翩翩翻飞的美丽蝴蝶。华强北也会根据自己的生命基因密码，按照成长路线图完成各个时期的生长和转型。

希望华强北不仅可以靠自己的财富和创造财富的能力出名，而且可以靠自己的精神内涵和文化魅力使人们倾倒；不仅跻身全国著名街道之列，而且能够与世界名牌大街争奇斗艳。

我们坚信会有这一天。

后　记

　　谁也没有想到，重大的发展机遇如此快地又出现在华强北面前。这个机遇是深圳的机遇，是粤港澳大湾区的机遇。

　　2019 年 8 月，中共中央、国务院正式公布《关于支持深圳建设中国特色社会主义先行示范区的意见》（以下简称《意见》），要求深圳"增强核心引擎功能，朝着建设中国特色社会主义先行示范区的方向前行，努力创建社会主义现代化强国的城市范例"。

　　这就为华强北提供了前所未有的机遇和极大的发展空间，华强北人可以无限畅想未来。华强北街道书记陈晓中谈了关于华强北发展的一些设想。

一、明确规划定位

　　华强北的规划定位来自满足粤港澳大湾区的需要。

在全球经济中，湾区经济发挥的是火车头作用、聚核作用和杠杆作用。全球最有实力的湾区有 3 个：东京湾区（面积 1.36 万平方公里，聚集了日本 1/3 的人口，2/3 的经济总量）；纽约湾区（面积 2.15 万平方公里，聚集了美国人口的 7%、经济总量的 8%）；旧金山湾区（面积 1.8 万平方公里）。

相比之下，粤港澳大湾区总面积 5.6 万平方公里，人口 6671 万人，地区生产总值 1.6 万亿美元（2017 年数据）。粤港澳大湾区总体经济增速 7% 以上，2016 年经济增速分别是纽约湾区、东京湾区、旧金山湾区的 2.26 倍、2.19 倍、2.93 倍。按目前发展趋势，只需 6 年时间粤港澳大湾区即可超越东京湾区成为全球经济总量最大的湾区。

按照《粤港澳大湾区发展规划纲要》（以下简称《纲要》），湾区其中一个战略定位是具有全球影响力的国际科技创新中心。《意见》中也要求"以深圳为主阵地建设综合性国家科学中心，在粤港澳大湾区国际科技创新中心建设中发挥关键作用"。按照《意见》和《纲要》，福田区提出打造国际金融、科技创新、文化教育、服务交流"四大中心"，建设高质量发展的社会主义现代化典范城区。

在此背景下，华强北注定要扮演国际科技创新中心核心的角色。具体措施：一是将加快推进5G基站建设，紧抓5G通信网络发展机遇，争取全市率先实现街道公共区域5G信号全覆盖；二是加速推动产业转型升级，着力打造全球智能硬件研发设计中心；三是聚集创新资源、激发创业活力，建设具有世界影响力的创新创业大街。

二、建设"夜色经济一条街"

华强北起步于工业区，产业经济因素强，这是它自出身就形成的一种业态特点。如果与国内、国际的商业名街相比，商业不够旺、消费不算足，特别是夜间经济不发达是其短板。华强北街道下一步将在这方面发大力。

华强北在中航城片区开始"夜间经济"的试点推行工作，打造一个富有华强北特色的夜间经济示范点。依托中心公园、上海宾馆、格兰云天大酒店、辉盛阁酒店、中航九方、天虹商场等，引入高档次酒吧，增设咖啡厅；在振中路西段中航城片区打造满足群众观影、健身、阅读、消费、购物等一体化需求的消费型夜间经济集聚区域。适当延长营业时间，既提高商业区的效益，也丰富市民夜生活。

不难想象，未来的华强北将是一个充满活力的创新基地、一条更加繁华的商业旺街，无穷的魅力将吸引无数的年轻人。各个创客空间里各种新奇的高科技产品层出不穷；越来越多来自全球各地的创意产品将首次亮相在华强北。5G网络不仅是让信息流通更加畅通，还使交易办事效率更高。而且华强北将创造出一个万物相连的物联网世界，产品的生产和运输实现自动化，任何一件产品都有各种信息可供随时查询。无人驾驶的车辆在地面、地下快速行驶，空中有无人机为创客们送来急需的零部件。夜幕降临，写字楼里灯火通明，创客们在继续攻关；茶馆咖啡厅里，聊天的人群中，思想在碰撞，不断产生新的创意火花。街头的广场上，来自世界各地的艺术家们，表演着有异国情调的舞蹈和音乐，演唱着迷人的歌曲。华强北将成为一条不夜街，热闹繁荣，活力四射，魅力无穷。